书山有路勤为径,优质资源伴你行
注册世纪波学院会员,享精品图书增值服务

[美] 罗伊·波洛克　安德鲁·杰斐逊　著
（Roy V. H. Pollock）（Andrew McK. Jefferson）

张善勇　审校

将培训转化为商业结果
（第2版）

管理者指南

A Manager's Guide to Making Learning a Competitive Advantage

Second Edition

6Ds®法则大师为中国各层管理者量身定制

电子工业出版社
Publishing House of Electronics Industry
北京·BEIJING

Copyright © 2023, The 6Ds Company. All rights reserved.

All illustrations are copyright The 6Ds Company and are used here by permission.
Chinese edition, Copyright © 2024, Publishing House of Electronics Industry Co., Ltd, Beijing
No part of this publication may be reproduced, stored in a retrieval system, or transmitted in any form or by any means, electronic, mechanical, photocopying, recording, scanning, or otherwise, except as permitted under Section 107 or 108 of the 1976 United States Copyright Act, without the prior written permission of the Publisher.

版权贸易合同登记号　图字：01-2024-3681

图书在版编目（CIP）数据

将培训转化为商业结果：管理者指南 /（美）罗伊·波洛克（Roy V. H. Pollock），（美）安德鲁·杰斐逊（Andrew McK. Jefferson）著. -- 2 版. -- 北京：电子工业出版社，2024. 9. -- ISBN 978-7-121-48541-1
Ⅰ. F272.921
中国国家版本馆CIP数据核字第20248GW508号

责任编辑：杨洪军
印　　刷：涿州市般润文化传播有限公司
装　　订：涿州市般润文化传播有限公司
出版发行：电子工业出版社
　　　　　北京市海淀区万寿路173信箱　邮编100036
开　　本：720×1000　1/16　印张：12　字数：192千字
版　　次：2019年7月第1版
　　　　　2024年9月第2版
印　　次：2025年3月第2次印刷
定　　价：59.00元

凡所购买电子工业出版社图书有缺损问题，请向购买书店调换。若书店售缺，请与本社发行部联系，联系及邮购电话：（010）88254888，88258888。
质量投诉请发邮件至zlts@phei.com.cn，盗版侵权举报请发邮件至dbqq@phei.com.cn。
本书咨询联系方式：（010）88254199，sjb@phei.com.cn。

推荐序

换一个视角看培训：在工作场所中推动学习转化

本书的起因是为了解决在6Ds®法则实践中遇到的一些问题，尤其是管理者参与的问题。6Ds®法则的一个核心观点是管理者对培训项目的成败起着决定性作用。然而，在现实中，管理者很少参与培训项目的设计与实施。与管理者交流时，他们表示确实不清楚如何参与。因此，我们向罗伊主动约稿，希望他能为管理者撰写一本关于如何支持和参与培训项目的书。本书第1版出版后，受到了管理者的热烈欢迎。几年后，我们根据读者的反馈，向罗伊提出了修订建议。罗伊接受了这些建议，并对之前的内容进行了调整和完善，从而推出了第2版。

在阅读之前，首先需要明确的是，本书所指的管理者包括三类，而不仅仅是《将培训转化为商业结果》一书中提到的学员上司。这三类管理者包括基层管理者、HR或学习部门管理者和高层管理者。学习转化的关键在于建立一个团队管理机制，这需要利益相关方的共同参与。本书的目的是指导管理者通过最大化个人、部门及企业学习机会的价值，来创造竞争优势。在每章的末尾，我们为基层管理者、HR或学习部门管理者和高层管理者提供了一些实用的建议，帮助他们将理论应用于实践，并推动工作场所的学习转化。

将培训转化为商业结果·管理者指南（第2版）

在阅读本书时，你需要带着问题去看。我建议可以从以下四个视角进行思考。

第一个需要思考的问题是，谁是培训项目的关键。学员、讲师、培训部门的负责人、学员的上司、高层领导、客户等，在培训的不同发展阶段，他们的重要性存在较大差异。这需要根据不同的企业情况做出判断。

目前，大多数培训项目的设计逻辑是从学员的角度出发，以知识和能力为中心，关注学员的满意度和学习情况，即培训的一级和二级评估。然而，大量研究表明，学员对培训的直接反应与其在提高工作表现方面的有效性并无直接关联。一个课程如果仅仅令人愉快，未必能够带来实际效果。如果只关注培训活动的数量，并以此进行跟踪和奖励，可能会鼓励表面工作，导致培训的低效，甚至产生大量的学习废品。

企业投资培训项目，是为了确保员工具备必要的工作技能，能够胜任岗位工作。然而，工作效率才是真正关键的指标，也是最需要被考核和奖励的。最具竞争力的学习部门，应该是通过最少的课程数量或课时来实现业务目标。要对学习投资进行有意义的评估，必须关注员工培训后与培训前在工作表现上的变化，而不仅仅是培训结束时的记忆性知识储备或对培训的满意度。因此，评估培训效果的任务应该尽可能地贴近实际工作情况。

第二个需要思考的问题是，工作场所的学习是如何开展的。我们知道，学习环境与工作环境的相似度越高，学习转化就越容易实现。理想的学习应当发生在工作场所，实现学习环境与工作环境的完美融合。在工作场所学习中，关键是管理者与学员之间的互动。

为了保证培训效果，工作场所的学习也必须像其他形式的培训一样，具有计划性和目的性，即要有明确的目标、设定的流程和有价值的反馈。我们不能自满地认为，员工仅通过观察他人就能轻松学到正确的技能。许多企业已经发现，使用结构化的在岗培训替代传统的课堂培训，能有效降低员工培养的时间和经济成本。

结构化的工作场所学习能为企业带来更大的灵活性和应对突发事件的能力。参与培训的学员及其主管将收到详尽的清单，其中列出了每项任务和职务级别所需的技能。学员在主管和同事的示范与指导下学习这些技能。一旦学员认为自己已具备完成某项任务或职务的能力，他们将向主管展示并接受测试。如果展示正确且安全，主管将签字确认。由于大部分技能学习都在实际工作岗位上进行，这些技能很容易在日常工作中得到应用。

结构化的工作场所学习项目的设计是基于工作任务特征，循序渐进地推进的。从简单的问题或技能开始，逐渐学会完成更困难或更复杂的任务。在这个过程中，管理者提供"学习支架"，并通过实践社区支持学员的学习转化。如果没有这些支架，学员很难掌握知识并将其转化为自己的能力。

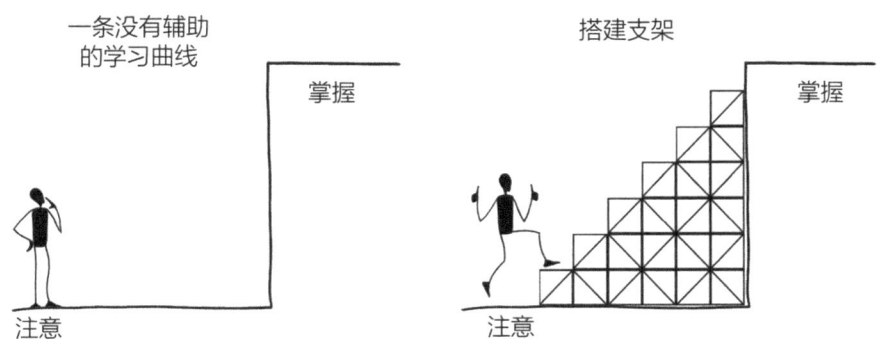

《工作场所学习准则》中指出："成功的学习应包括行为本身（脑力、体力或二者皆有）和对该行为及其后果进行反思（或加工）

的机会。"深入的领会和理解来自反思和分析阶段。因此，在设计学习项目时，必须考虑学员进行反思所需的具体时间和支持，以促进深度学习并实现知识的领悟和应用。遗憾的是，由于追求效率的错误意识，很少有企业能够做到这一点。

第三个需要思考的问题是，如何减少培训项目造成的学习浪费。其关键在于采取精益管理模式，遵循十大原则，将学习流程标准化，并思考如何进行改进。需要识别学习流程中（在效果或效率方面）最薄弱的环节，并探索哪些措施可以加强这些环节。

本书中还提到，造成学习浪费的潜在因素众多，包括但不限于以下几点：

- 无法找出问题的真正原因。
- 未能明确培训的业务目标。
- 将培训当成一件事而非一个过程。
- 缺乏对学以致用的管理和支持。
- 学习过程缺乏控制和必要的衡量。

在上述因素中，大部分是管理层的责任。管理者应参与学习项目目标、形式和时间安排的设计。学习不应仅限于教室或网络环境，还应在实际工作中进行。本书的核心内容是设计和管理基于工作场所的学习流程，学习项目的解决方案可以在第三章到第五章中找到。

第四个需要思考的问题是，如何构建业务领导与人力资源（HR）的联盟，这对于提高学习效果至关重要。联盟双方将带来各自的独特见解、观点和技能。业务领导了解业务，知道最重要的业务目标及其实现所需的行为。他们能够敏锐地察觉到本企业与竞争对手在当前阶段的业绩差距，并负有企业实际表现的最终责任。此外，业务领导负责管理员工的日常工作，包括确定工作重点和激励机制，决定哪些行为应受到表扬，哪些行为应得到奖励。

因此，员工的直接上级对新技能和知识的实际应用具有潜在的影响力。管理者和课程设计师需要合作，明确界定与实际工作紧密相关的重要知识点，确保员工有足够的时间掌握这些理论知识，并在实际工作中得到适当的指导。第六章主要讨论团队合作，这也是培训项目成功的关键。

在阅读时，建议参考《将培训转化为商业结果》的其他书籍。如果有兴趣，可以参加6Ds®工作坊，共同探讨如何在组织设计更具价值的学习项目。未来的学习项目不仅应关注内部组织能力的提升，还应关注外部客户的成功。核心是管理者成为导师，从不同视角看待培训，重构内在假设，将学习与工作融合。这样，你会发现学习成为公司最核心的竞争优势，也是公司可持续发展的动力。

张善勇
中国成人教育协会企业教育专委会副理事长
中国教育战略发展学会产教融合专委会副秘书长

前 言

商业变革的步伐持续加速。为了维持竞争力，企业和个人必须持续学习、适应并不断改进。企业纷纷向培训与发展部门及项目投入资金，以期加速学习进程。然而，遗憾的是，大部分投资并未能显著提升绩效。

本书阐述了管理者能够且必须采取的措施，通过提升整个组织的学习速度和效果，以取得竞争优势。鉴于学习在战略上的重要性，它不应被简单地交给人力资源部门或学习部门来处理。各级管理人员务必主动投身于学习管理的全过程，自学习机会的目标确定起，直至确保其合规性并推动有效应用。

本书汲取了学习研究和精益管理原则的精华，为管理者提供了一系列行之有效的实用步骤，旨在提高学习投资的回报率，从而赢得竞争优势。

目 录

第一章　学习是一项战略要务　　001
　　一、速度至关重要　　003
　　二、高效学习是一种竞争优势　　005
　　三、管理者很重要　　007

第二章　学习提升竞争力　　009
　　一、成功的企业都是学习型企业　　011
　　二、企业各层级皆适用　　012
　　三、树立榜样　　013

第三章　管理者应知的学习准则　　017
　　一、从设定目标开始　　019
　　二、善用一切学习机会　　024
　　三、学习之路千万条　　029
　　四、贴近实际　　033
　　五、准时学习　　040
　　六、重视反馈　　043
　　七、学必常思　　046

八、熟能生巧	049
九、保证学习时间	053
十、善用间隔学习法	057

第四章 以绩效为导向的学习设计 061

一、将学习与业务重点挂钩	062
二、确定业务目标	063
三、挖掘问题根源	066
四、用培训弥补差距	070
五、将培训与企业需求相匹配	073

第五章 以绩效为导向的学习管理 075

一、将学习作为一个过程来管理	076
二、让学习转化成为学习过程的一部分	077
三、减少学习废品	083
四、坚持持续改进	095
五、高标准要求	102

第六章 学习需要团队合作 109

一、识别问题/机遇	111
二、分析根本原因	113
三、提出解决方案	113
四、按重要性排序	114
五、学习计划与实施	115
六、在岗强化与支持	116
七、评估结果	117
八、原因分析与改进	117

第七章　总结和行动号召　　121

附录A　基层管理者使用的工具、指南和检查清单　　125

    A.1　如何为员工确定改进机会　　126

    A.2　如何识别自我改进机会　　128

    A.3　如何提供学习的有效反馈　　130

    A.4　如何引导事后回顾　　132

    A.5　培训前讨论指南　　133

    A.6　培训后讨论指南　　137

    A.7　学习跟进范例　　140

    A.8　基层管理者使用的检查清单　　142

附录B　HR或学习部门管理者使用的工具、指南和检查清单　　145

    B.1　如何识别接班人计划的培训需求　　146

    B.2　学习项目适用的商业计划书模板　　148

    B.3　结构化在岗培训　　150

    B.4　学习转化支持战略的范例　　152

    B.5　培训审批决策流程图　　155

    B.6　学习项目评估指南　　156

    B.7　HR或学习部门管理者使用的检查清单　　158

附录C　高层管理者使用的行为检查清单　　161

    C.1　商业计划书中学习部分的模板　　162

    C.2　每次计划内学习完成后应向HR或学习部门管理者提出的问题　　163

    C.3　高层管理者使用的检查清单　　165

附录D　学习发展项目的6Ds®法则　　167

D1：界定业务结果　　169

D2：设计完整体验　　171

D3：引导学以致用　　172

D4：推动学习转化　　173

D5：实施绩效支持　　174

D6：总结培训效果　　175

总结　　177

第一章

学习是一项战略要务

商场如战场，商界竞争日益加剧，企业不仅要应对国内竞争，还将面临越来越多的海外对手。若能持续提供物美价廉的产品和服务，企业便可发展壮大；若力有未逮，则只能溃败。

再者，客户的期望也是不断增长的，狩野纪昭的"客户需求模型"表明，能引起"客户喜悦"的具有创新性的特征，会被快速复制并在短期内实现普及，不久之后它将演变为产品或服务的必备特征（见图1-1）。该模型以手机的发展史为例：第一代手机实现了以无线连接方式进行通话，这便是当时的一大突破，但很快无线通话就成为手机的必备功能；现在，手机作为商品，还需要集成摄影摄像、文字编辑、GPS、Wi-Fi（一种短距离高速无线数据传输技术，主要用于无线上网）连接，以及其他的许多必备功能。同样的产品和服务，客户今年感到满意，明年却不一定继续满意，因此持续改进至关重要。

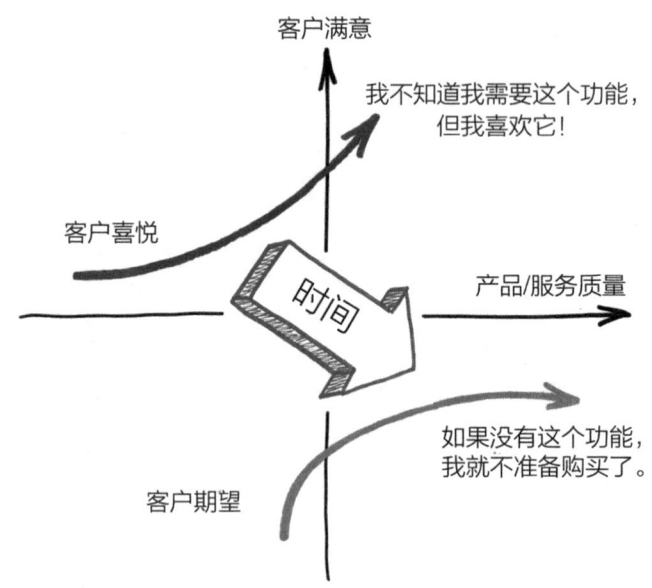

图1-1　客户需求模型（随着时间的推移，曾经令"客户喜悦"的具有创新性的特征变成了必备特征）

第一章 学习是一项战略要务

企业若要在商战中获得成功，就必须适应市场变化。如果企业发展落后于竞争对手，就会被逐渐拉开差距，最终败下阵来（见图1-2）。对于包括总部、分支、工厂、领导层和员工个人在内的企业各层级而言，持续改进都是至关重要的生存之道。正如微软公司首席执行官萨提亚·纳德拉所说的，"学无止境，不学习，就不会有所作为"。

图1-2 逆水行舟，不进则退

一、速度至关重要

正如杰克·韦尔奇在担任通用电气CEO时所说的，"组织最终的竞争优势是它的学习能力和快速学以致用的能力"。得出这样的结论，正是因为过去提出的规模经济、融资渠道、技术知识等竞争优势来源已经被快速复制或者淘汰，更有效的新技能、新技术正在持续发展，企业若想在竞争中生存发展，就必须快速地加以学习、应用和掌握。许多曾经著名的行业龙头企业，如柯达公司，正是因为学习和适

将培训转化为商业结果・管理者指南（第2版）

应速度跟不上，才最终导致破产。

比竞争对手更快速的学习能力也许是唯一的可持续竞争优势。

商界的许多组织和个人发现自己陷入了与爱丽丝（刘易斯·卡罗尔所著《爱丽丝梦游仙境2：镜中奇遇记》的女主角）相同的窘境。故事中，爱丽丝察觉到无论自己奔跑速度有多快，也无法离开原地，因为她周围的一切正以相同的速度与她一起飞奔。故事中的另一个角色红皇后解释说："你看，现在，在这里，你已经全力奔跑，但仍然没离开原地。如果想达到另外的地方，你必须加速一倍以上。"在如今的知识经济环境下，你不得不与竞争对手保持同等的学习速度才不至于掉队。如果想超越他们，则必须比他们的学习速度更快，而且还要快速地学以致用。

这适用于企业的各个层级：

- 企业必须比竞争对手更快地适应不断变化的市场需求。

- 管理者若想继续升职，就应比其他同级管理者的学习速度更快，而且，还应督促自己的下属加快学习速度，使得自己团队的整体绩效能优于其他团队。

- 员工若想晋升或者争取更理想的职业生涯，就必须比其他同事的学习速度更快，工作绩效更好。

二、高效学习是一种竞争优势

为了能够高效学习和提高绩效，企业为管理层和员工的学习投入时间和金钱。企业学习领域的权威专家罗伯特·布林克霍夫称其为"培训的底层逻辑"（见图1-3），即为员工提供学习的机会，以便其工作更加有效和高效，从而获得竞争优势，改善经营业绩。但是，布林克霍夫也指出，多达80%的企业培训都未能产生应有的效果。

图1-3　培训的底层逻辑

这是一个严重的问题，不能提高绩效的培训会浪费时间和金钱，产生机会成本，生成的是"学习废品"——相关人员成为学习废品的制造者。不断产生的学习废品使企业处于竞争劣势，如同不断制造废品的制造企业处于竞争劣势一样。清除废品来源可以创造决定性的战略优势，即使面对规模更大、实力更雄厚的对手也不例外。

经典案例之一是20世纪80年代日本汽车业取得的成功。通过持续向美国出口价格便宜、性能优良的日本造小汽车，日本车企从曾经十分强大、具有压倒性优势地位、似乎不可战胜的美国车企手中夺得了不小的美国汽车市场份额。日本汽车业的崛起不是因为某项技术的突破或创新，而是仔细管理每一步工艺流程、引入永不休止的小改进循环的结果（称为"持续改进"）。总而言之，这些小改进最终汇成了巨大的竞争优势，使其他国家的车企在此后多年都必须努力追赶。

制造业持续改进的关键目标是将废品数降低至零。丰田生产方式（后演变为精益管理）的关键原则之一是"废品即问题之所在"。这是因为，生产废品会付出高昂的代价，既耗费了时间和原材料，又占用了设备和机会成本；而提供废品则会降低客户的信心和品牌的信誉，进而影响到产品销量。现在，废品率高于1%的制造企业已经完全丧失了竞争力。许多企业已达到六西格玛质量管理标准，每30万个生产周期仅可能产出一个废品。

生产废品会付出高昂的代价，没有企业能够承受得起。

企业间的差异既来自生产流程的效果与效率，又来自人力资本发展流程的效果与效率。大多数企业从员工培训与发展中得到的是平均投资价值（见图1-4），部分企业甚至收效甚微，只有少数企业可以获得远高于平均投资价值的回报。如果你的企业可以从培训与发展投资中取得更高的价值回报（产出更少的所谓"学习废品"），你就可以在市场上赢得竞争优势。

为何会如此？因为你可以投入比竞争对手更少的时间和金钱，却获得相同的学习与发展效果；或者，你可以投入与竞争对手相同的资源，却获得更多的投资回报。无论哪种情况，在商业领域都可称为一种优势。目前很少有组织可以充分发挥学习的潜力，因此提高学习质量和速度将是你创造竞争优势的绝好机会。

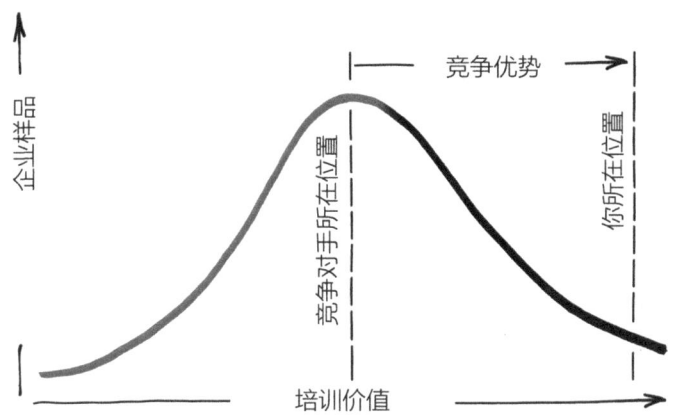

图1-4 企业若能获得比竞争对手更大的培训价值，就可以享受到成本和绩效优势

三、管理者很重要

当学习无法产生效果时，很容易将责任归咎于培训部门。但这样做违反了精益管理的一个关键原则：在确定行动之前，先找出问题的根本原因。

造成学习浪费的潜在因素有很多（见图1-5），包括且不限于：

- 无法找出问题的真正原因。
- 未能明确培训的业务目标。
- 将培训当成一件事而非一个过程。
- 缺乏对学以致用的管理和支持。
- 学习过程缺乏控制和必要的衡量。

在以上因素中，大部分（即使不是大部分，也有许多）是管理层的责任。不管培训师有多优秀，培训技术有多先进，如果管理层对要达到的业绩目标不明确，也没有让员工准备好为自己的培训结果负责，抑或是没有提供培训后的指导和支持，那么培训都无法实际提高绩效。

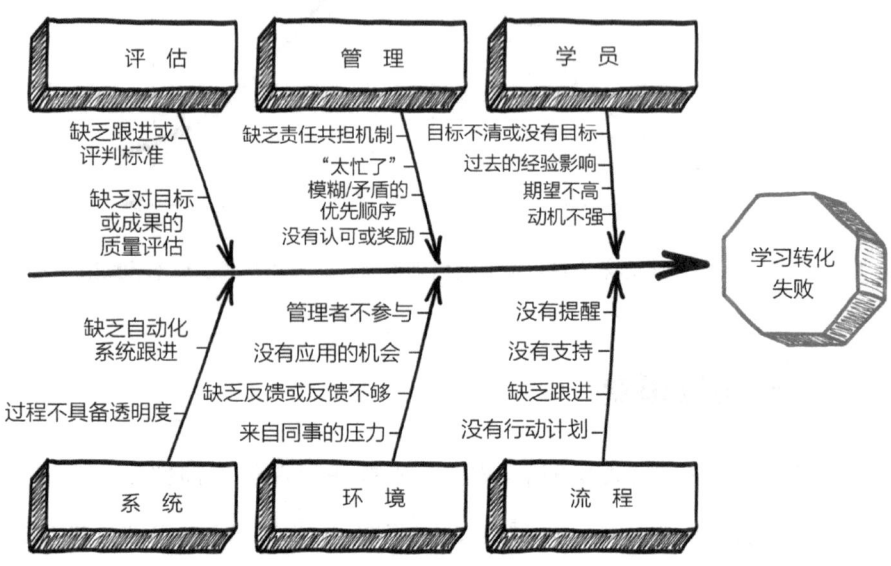

图1-5 鱼骨图（因果关系图）：造成学习转化失败的因素

本书可以指导管理者通过将个人、部门及企业学习机会的价值最大化来创造竞争优势。在每章的末尾，本书都会为基层管理者、HR或学习部门管理者和高层管理者提供一些实用的建议，帮助他们将理论应用于实际，并在持续学习中有所收获。

第二章

学习提升竞争力

将培训转化为商业结果·管理者指南（第2版）

企业经营成功、个人事业有成的衡量标准是实现卓越绩效。绩效管理大师托马斯·吉尔伯特在其著作《人的能力》中引入了"有价值的绩效"这一概念，并将其定义为：成果的价值大于实现成果所耗费的行为成本，此时的绩效就可称为有价值的绩效。他特别区分了有价值的绩效和一般行为绩效。一般行为绩效不仅包括行为本身，还包括行为的结果以及行为与结果对于组织的价值。而有价值的绩效，在商业领域则专指能以相对低成本获得高价值商业成果的行为。卓越绩效意味着要比竞争对手更快速、更持续、成本更低地创造有价值的成果。

企业要实现卓越绩效，其员工必须掌握对口的知识和技能并持续更新。在这个技术日新月异的时代，与时俱进至关重要。创造竞争优势的不是技术本身，而是员工对技术的有效应用。随着时间推移，企业的价值越来越多地取决于人力资本的价值，而非实物资产。美国贝尔维尤大学执行副总裁迈克·埃克尔斯指出，在如今市值最高的数家企业中，计算机、生产设备、建筑物等有形资产只占据了企业总值的一小部分。谷歌、脸书、优步一类的企业，其大部分市值都体现为无形资产。价值投资者认为，企业的价值主要来源于员工的专业性和对企业战略、愿景的执行力。正如人力资本分析之父雅克·菲茨恩兹所说的，"造成企业间差异的关键因素不是金钱、建筑物或者设备，而是人"。

由于企业价值越来越依赖于员工能力，保持和提升企业人力资本价值就成为所有商业企业目前必须实施的战略。若要提升员工能力，应促进和加速员工学习，而实现这一点则需要有相应的战略投资与管理。

> 造成企业间差异的关键因素不是金钱、建筑物或者设备，
> 而是人。

一、成功的企业都是学习型企业

如今的成功企业都是学习型企业。它们利用培训课程、岗位训练、上级指导、轮岗、延展性任务等多种多样的形式为员工提供了大量的学习机会。既然学习对于企业获得可持续成功非常重要，它就应该成为业务战略的核心组成部分，培训与人力资源发展也应与其他战略业务流程一样，得到细致、专业的计划和管理。企业若要完成既定战略，就不应只将学习与发展看作员工日常管理职能，而且应该委派高层管理者来实施管理。

> 人力资源发展必须和任何其他战略业务流程一样认真
> 计划和管理。

为了强调学习的重要性，爱尔兰英格索兰公司前CEO赫伯·汉高曾说过，每份商业计划书都应包括实现预期成果所必需的学习计划。这是因为，一份好的商业计划书总是会包含一些新亮点，如新产品、新工艺、新的销售渠道、新的细分市场等。如果确实是以前未曾遇到过的新任务，员工以目前的知识和能力将无法完成。因此，组织有效

培训，向员工传授新技能和新知识，应该成为商业计划书中不可或缺的组成部分。

二、企业各层级皆适用

对于个人、部门、企业、国家甚至国际社会而言，获取更大的学习价值都是赢得竞争优势的途径之一。例如，你与另一位管理者同时参加某个培训项目，但你学得比他多，实际应用比他好，业绩改进相应地也更显著，自然也就比他更有可能得到领导的认可和提升。实际上，HR咨询公司光辉国际已将"学习敏锐度"（在实践中学习，再成功将所学应用于实践的能力和意愿）认定为成功领导者的关键特质之一，认为它是一项重要的领导能力，也是未来成功与否的预测指标之一。

如果你领导了一个团队、部门或者事业部，那么自己能否事业有成，未来能否有升职机会，就取决于你下属的业绩表现。睿智的领导者应该积极促进和激励下属勤学习，多运用，他们越快精通业务，就越能快速提升团队整体绩效，大家会更加认同你是一位有能力的管理者。

学习敏锐度是成功领导者的关键特质之一。

促使你激励直接下属不断学习的另一个原因是，精明的企业偏爱善于帮助他人发展的领导者。我们服务过的最好的管理者之一乔治·瓦尔斯曾说过："如果你希望升职，就需要在团队中培养一个能

力不逊色于你的人，随时填补你升职后的空缺。如果你既睿智又雄心勃勃，就把你的接班人培养出来吧，而且越快越好。"这个建议很棒！优秀的管理者会将下属的潜力发挥到极致，而平庸的管理者只会阻碍下属发展，因为他们错误地以为有了这些陪衬，自己可以显得优秀一点。这种观点太荒谬！如果你的下属没有参与学习，也没有绩效提升，那你只能是个糟糕的管理者。

卡罗尔·德韦克在其著作《看见成长的自己》（*Mindset*）中指出，人们对能力的认识倾向于两种模式。她将其中一种称为"固定型思维模式"，即认为自己先天能力限制了潜力发挥。具有这种思维模式的人爱这样说，"我不擅长数学"或者"我绝不可能做得好销售"。固定型思维模式成了限制个人发展机会和职业生涯的"自我应验的预言"。卡罗尔·德韦克将另一种模式称为"成长型思维模式"。具有这种思维模式的人相信只要自己足够专注和努力，就能取得进步，拓展潜力。以上两种思维模式都是在孩童时代后天习得并自我强化的。幸好它们并非不能改变，即使是成年人，也可以通过学习拥有成长型思维模式。

促进下属发展，使他们充分发挥自身潜力，这有助于你充分发挥潜力，但也需要你拥有成长型思维模式。你应明确表达对他们的信心，相信他们有足够的能力学习、成长和提升；要鼓励下属活到老，学到老，并以身作则积极接受新挑战，积极向下属学习。

三、树立榜样

业务领导与HR管理者应共同承担起建设和维持高绩效员工队伍

的职责。这个职责的重要组成部分之一，就是库泽斯和波斯纳在他们的著作《领导力》中所说的"以身作则"，这也是我们常说的领导力的重要组成部分之一。以身作则作为领导力五项修炼之一，是指依据自己要求员工遵守的行为和价值观，将自己打造成符合要求的榜样。《领导力》一书中写道："无论我们怎样强调领导的榜样作用都不为过，如果你希望收获更好的成效，就一定要确保自己言行一致。言传身教远胜于纸上谈兵。"具体到学习领域，以身作则的重要性更加明显。如果管理者希望自己的下属持续学习和改进，就必须自己率先做到，成为大家的榜样。以下是一些具体的建议，相关的检查清单、指南、模板以及其他的辅助工具详见本书附录。

领导者必须以身作则，成为积极学习的榜样。

给基层管理者的建议

作为企业的基层管理者，你承担着一项特殊职责，就是确保下属已获得必要培训，具备足够的技能和知识完成岗位工作。你必须让他们真心认同持续学习，将其作为工作的重要组成部分，并主动把握日常工作中的大量学习机会。重要的是，你也应该以身作则，把自己打造成有准备、有意愿、有能力持续学习的榜样。具体请做好以下几点：

- 审查每一位直接下属的工作绩效。他们是否具备足够的技能和知识来胜任目前工作？若不具备，你可以在企业现有学习计划中寻找适合的技能培训课程，并鼓励相关员工参加。如果现有学习计划中没有，则需要向HR申请开课。帮助识别员工发展需求的辅助工具参见附录A.1。

- 思考改进自己的工作绩效需要学习的技能和知识。帮助你识别自身成长机会的辅助工具参见附录A.2。你可以与自己的上级领导讨论个人职业目标和发展机会，并积极通过正规培训和岗位学习等各类学习机会提升工作能力。

给HR或学习部门管理者的建议

作为HR或学习部门管理者，你承担着一项特殊职责，就是确保企业各层级的员工都具备足够的知识和技能，能胜任目前的岗位工作。此外，你还要负责培养充足的后备骨干员工，确保其可升入新岗位、承担起更重大的职责，因为企业的未来发展需要倚重这一职能。

最后，你也应"以身作则"，把自己打造成充满求知欲、能够持续学习的典范。具体请做好以下几点：

- 审查企业的战略规划和商业计划书。有效实施战略规划和商业计划需要哪些新技能和新知识？哪些培训可以保证员工学得必要的技能？相关辅助工具参见附录B.1。

- 审查关键岗位的接班人计划（若有）。若尚未制订，请先整理一份关键岗位清单，并确认清单中的岗位是否已有"准备就绪"的后备接班人。请为后备接班人制订专门的培训与发展计划，使其在升入更高职位时具备足够的胜任能力。

给高层管理者的建议

作为高层管理者，你应将学习设定为企业总体战略的组成部分，

将培训转化为商业结果·管理者指南（第2版）

保证用于员工发展的每项投资都与企业的战略重点相关联，管理好每一个学习项目，创造其最大的学习价值。具体请做好以下几点：

- 审查企业的战略规划和商业计划书。二者中是否包含了有助于提升企业业绩和竞争力的学习计划？如果没有，请务必增加进去。

- 商业计划书中要包含"实现本商业计划所需的学习项目"部分，具体可参考附录C.1。

第三章

管理者应知的学习准则

将培训转化为商业结果·管理者指南（第2版）

既然学习对于维持竞争力十分重要，且若能比竞争对手更快速、高效地学习就可以带来竞争优势，那么知道如何学习、如何加快和强化学习过程的重要性也就不言而喻了。本章列出了所有管理岗位、每位管理者都应知道的十项学习准则。将这些准则应用到现实工作和生活中，可以帮助你、你的员工以及孩子共同学习进步。

那么，什么是学习呢？

首先，我们需要给"学习"下个定义。从生物层面看，学习是指形成脑细胞（神经元）之间的新连接。从概念层面看，学习是指在现有的心理架构中添加新的观点或概念，即用已知的词汇或概念来解释新词，学习词义。例如，企鹅可以定义为："一种不会飞的鸟，生活在南半球海洋沿岸，以捕食鱼类为生。"而这一定义是基于你对鸟类、鱼类、南半球、能飞与不能飞的差别等已有认识所下的。从行为层面看，当某人能够完成过去无法完成的事情或者能够将某项技能应用得更快更好时，我们就认为发生了"学习"。例如，小孩子学习系鞋带，飞行员学习驾驶飞机降落，等等。

我们在商业背景下主要关注学习的行为层面。企业投资学习的目的是教授给员工更新、更有效的行为。例如，销售人员能够描述出令人心动的产品功效，或者管理者能够卓有成效地训练新员工，等等。实际上，还有另一种观念认为，商业环境下的学习只有转化为工作行为才能增加价值（见图1-3）。确实如此，像美国陆军经验教训中心便是要看到学以致用引起的行为变化后，才会认定相关学习已完成。

第三章　管理者应知的学习准则

> 学习只有转化为工作行为才能增加价值。

调查人员对学习过程进行了深入研究,并总结出适用于工作、学习以及日常生活等各类环境的十项学习准则。用好下述学习准则,能够有效提高学习速度、强化学习效果。

- 从设定目标开始。
- 善用一切学习机会。
- 学习之路千万条。
- 贴近实际。
- 准时学习。
- 重视反馈。
- 学必常思。
- 熟能生巧。
- 保证学习时间。
- 善用间隔学习法。

接下来将逐一介绍上述准则的内容及其实际运用,为你和你的孩子、员工提供学习上的帮助。

一、从设定目标开始

成人很现实。他们愿意学习自认为对个人生活或者事业有帮助的知识和技能,而对于看似与己无关的事物就毫无热情了。因此,成

将培训转化为商业结果·管理者指南（第2版）

人学习理论（成人教育学）中的重要准则之一就是成人要首先知道学习的理由，才能自愿、有效地参加学习。西蒙·斯涅克在其所著《从"为什么"开始》一书中指出，员工在关注"是什么""怎么做"之前，总是希望先知道隐藏在改变或者其他行为之后的"为什么"。所以，最出色的领导者或企业，总会在行动前给出理论依据——也就是行动背后的"为什么"。

员工在关注"是什么""怎么做"之前，希望知道"为什么"。

此准则应用到企业学习上就是，开始学习前便明白"为什么"的员工，会收获更好的学习效果。也就是说，若员工能够看到自身工作与即将参加的学习之间的关联，就会学得更好。当员工认识到，学会培训中的新知识和新技能可以改进工作绩效，进而将有更多机会获得奖励和晋升时，他们会更加积极地投入学习。

为确保员工愿意学习，培训必须满足两个条件（见图3-1）。第一个条件是，培训内容必须对员工个人有用；第二个条件是，员工能够理解学习内容，也就是说，学习内容具有易学性。"对我是有用的吗？""我能理解吗？"员工越能回答好这两个问题，就越愿意去学习、记忆和应用。

所以，为了实现培训价值的最大化，我们必须保证培训以员工能理解的语言和授课方式来讲授（具有易学性），同时，还要从学习的目标入手，举例子，做解释，让他们明白培训对自身的益处（具有有用性）。"易学性"和"有用性"两者既相互独立又相互促进：有些内容易于学习，却没有学的必要，员工是不愿意学习和记忆的；反过来，某个知识或者技能员工也许非常希望学到，但若其逻辑、概念、术语或者流程非常难以理解，那最终还是记不住，用不了。

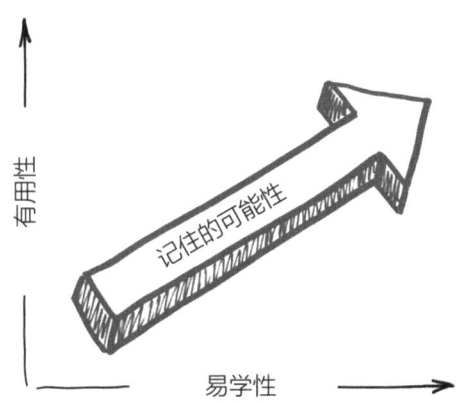

图3-1　学习越对个人有用，越易于掌握，员工就越愿意记住和应用

课程设计体现了艺术性和科学性，它根据成人的认知规律使课程的整体呈现合乎逻辑，循序渐进，易于理解。为了确保学习对员工个人的有用性，应在实施前明确其业务理由，并提前告知参加人及其领导（详见第四章）。该业务理由应该表述为如何帮助员工改进工作绩效，或者说，如何使员工及其领导以及整个企业从培训中获益，而不是只告诉他们培训讲授的内容（学习目标）。培训内容和相关练习必须为员工量身打造，使用的术语和概念必须是他们听得懂的。讲解执行（或不执行）某个行动可能产生的影响时应引入相关案例，要确保学员能够理解。

员工的上级领导在其参训前后表达支持之意也至关重要。为何如此要求？因为员工需要上级领导为他们指出重点。如果领导提到了某件事情，那就意味着此事是重点。反过来，如果领导绝口不提培训，

将培训转化为商业结果·管理者指南（第2版）

员工就会将其解读为培训不重要，不必浪费时间参加。换句话说便是："领导关心什么，我就关心什么。"

"领导关心什么，我就关心什么。"

上述情况表明，若要增加培训价值，上级领导应该在员工参加培训前向他们表达自己的支持，激励其好好学习。这种谈话没必要长篇大论，利用走廊上的闲聊或者简短的电话，类似下文这样说两句就可以："我看到你要参加培训，这对你和你的团队都很重要，希望你能好好学习，回来以后再给我讲讲你学到了什么。"寥寥数语便提升了培训在员工心中的重要性和相关性，培训必然会更有成效。附录A.5将指导你如何实施员工培训前的谈话。

员工完成培训后，上级领导及时跟进也同样重要，此举既强调了培训的重要性，又鼓励了间隔学习。此时也不必安排长时间的正式汇报，走廊上的简短交谈甚至可能收到更好的效果。著名的UPS（联合包裹运输服务公司），就建议各级领导在其直接下属完成培训后提出以下三个问题：

- 你最重要的学习收获是什么？
- 你打算如何加以运用？
- 你需要我提供什么帮助？

只要简单提出上述问题，就已经重申了上级领导的重视，必将增强培训对员工的影响，促使他们反思学习内容。附录A.6将指导你如何进行员工培训后的跟进谈话。

本准则的实际应用

📋 给基层管理者的建议

- 直接下属参加培训前，你应与他们沟通。告诉他们，你认为这是一次重要的培训，希望他们积极参加，而且培训结束后你会跟进他们的学习情况。附录A.5将指导你如何完成培训前谈话。

- 结束培训后，应要求参训人员与其他团队成员一起分享重要的培训收获以及后续的运用计划。附录A.6将指导你如何完成培训后谈话。

- 如果你不清楚下属拟参加培训项目的业务目的和工作相关性，那么请先向培训主管领导问明情况。

📋 给HR或学习部门管理者的建议

- 审查培训项目的介绍方法，确认向拟参训人员及其领导所做的介绍是否得当。

    □ 员工个人以及部门、企业的收益是否介绍清楚了？

    □ 换作是我，是否愿意参加这样的培训项目？

- 审查培训项目，确保每个课程及其相关练习都有明确的业务理由，而且都与参训人员息息相关。

- 鼓励部门领导做好培训跟进，并提供相关工作支持。

给高层管理者的建议

- 每个培训项目都应有对应的业务计划。计划应包含明确的、与业务战略挂钩的业务理由。
- 以身作则。在你的直接下属参加学习项目时，树立起正面的榜样，应落实培训前谈话（参见附录A.5）和培训后谈话（参见附录A.6）。

二、善用一切学习机会

企业投资培训项目是为了保证员工具备必要的工作技能，可以胜任岗位工作。然而，这并不意味着员工所有的必备技能都只能从课堂或正式培训中学到。人类是非常善于学习的，他们通过观察、讨论、阅读和试错等多种多样的方法一直学习着，大部分的知识和技能都是在无意识或者非计划的状态下学习的。

例如，人们在学习习惯、风俗、社会行为规范时，并不需要真正深入认知它们或者有意识地努力遵照执行；若是玩游戏、讲故事或者凭以往经验与他人交往等，就得学习相关的方式方法；涉及阅读、写作、数学等更抽象的技能，则需要采用正规教学与强化训练相结合的学习模式。日常工作中，员工的许多必备技能是通过请教同事或者工作完成后直接观察结果来学习积累的。学习似乎并不受大脑容量和年龄的限制，人可以"活到老，学到老"。

假定员工必备的知识技能中70%是在工作中"非正式"学习积累的，20%是向同事、领导和导师请教得来的，剩下的10%是参加正式培训学到的（见图3-2），就可以得到"70-20-10学习与发展模型"。当然，这个百分比只是粗略估算的，不能被视为行业惯例。这一模型的价值就在于提醒培训师和管理者，员工的学习渠道多种多样，有些存在于工作之中，有些则存在于工作之余。因此，企业若要从学习中创造竞争优势，就应关注所有的潜在学习渠道并确保它们能够相互促进。

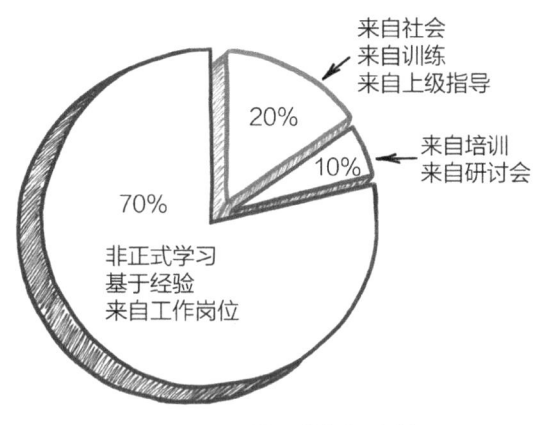

图3-2　员工的知识来源

人可以随时随地通过各种渠道进行学习，所以难免会学到我们不希望他们学习的事物。有孩子的朋友就知道，孩子有时会从别的小朋友那里学到一些毛病。同样，员工有时也会学到与企业期望相悖的行为和价值观。他们会观察领导者和管理者的行为方式（经常是无意识的）并学习和模仿。例如，某些主管为了省事而在安全问题上走了捷径，那他们的员工也会学着走同样的捷径；如果领导不诚实，那他们的员工也就学会了撒谎。所以，领导必须将自己练就成推行自身价值观和行为准则的典范，必须以身作则。

个人经历是非常有影响力的"老师"。如果员工因为某个特定的行为被认可或嘉奖，他就愿意多实践这样的行为。相反，如果因为某件事情受到了批评或处罚，他就会选择少做或不做。那么，当实际工作中受到嘉奖的行为与课堂上教导的或者企业价值清单中描述的行为有差异时，问题就出现了。例如，许多企业声称注重为客户提供周到的服务，但它们考核和奖励（或惩罚）客服代表的标准却是处理客服电话的速度。员工往往会选择那些能够获得认可或嘉奖的行为，却不愿听从培训老师的教导。

员工学习有时会被分为正式学习（课堂教学、在线学习和一些高度结构化的学习经历）和非正式学习（通过偶然机会、对话交流、试错、观察、网络搜索等途径形成的其他所有学习经历）。但对企业而言，最好将学习分为计划内学习（旨在向员工灌输胜任岗位所必需的知识、技能和工作态度）和其他临时的计划外学习，本书将采用此分类方法。计划外学习可能有助于改进员工和组织的绩效，但也可能毫无作用，甚至适得其反。例如，类似互联网搜索引擎、移动电话等技术为个人研究、探索和学习提供了很多机会，但是互联网上也充斥着大量虚假信息，其数量之多与真实信息不相上下，如果没有正确的引导，盲目依赖互联网技术来教导员工，会有极大的风险。而且，计划外学习还可能使员工经常"不知道他们还有什么不知道的"。也就是说，虽然员工确实缺少某些技能或知识，但其自身可能并没有察觉到，也就不可能主动发现这些问题。

鉴于上述原因，企业需要为员工提供计划内学习，以保证他们能够准确、安全、持续、有效地完成岗位工作。与其指望员工从同事、领导那里"捡来"必要的技能，倒不如提供旨在实现特定的学习和业务目标的计划内学习，这样必然会更有效、更可持续。高菲德森和墨瑟在其著作《创新性绩效支持》中指出："如果不倚靠有意的支持，非正式学习将难以掌控，从而将付出高昂的代价；不胜任工作的人会在不知不觉中同化了别人。"

计划内学习应有特定的目标，但在学习形式、传导机制、时间安排上是可以不拘一格的。它可以在实际工作中展开，也可以在教室里或者网络上授课；它可能涉及团队或项目组协作、上级指导、材料阅读、岗位见习或者其他体验式学习。它与计划外学习的最大区别在于明确的目的性，即无论何时何地、何种学习形式，计划内学习都事先以企业目标为指引设定了学习目标。企业领导应重点记住，要实现卓越绩效，所有的学习渠道（个人经历、社会经验、正规教育和自我发现等）都必须是一致的、有目的性的、相互促进的。

计划内学习既可以是课堂培训，也可以是岗位训练。

本准则的实际应用

给基层管理者的建议

- 以身作则，为员工树立学习的榜样。任何时候，你的行为必须配得上你给员工设定的标准。

- 确保你的奖惩标准与企业规章制度一致，与员工在计划内学习中学到的理念和标准一致；否则，你会混淆员工的认识，并且浪费企业的人力资源投资。

📝 给HR或学习部门管理者的建议

- 请务必牢记，员工在与企业及其规章制度、领导层接触时，也在通过互动进行学习。

- 确保绩效管理体系（是指在工作中制定出来并作为奖金分配依据的管理体系）与计划内学习的教导内容保持一致，否则二者的实施效果都将大打折扣。

- 思考将计划内学习融入日常工作的方法。不要只将学习限制在课堂上，否则员工往往会觉得这种学习脱离了自己的本职工作，无法做到理论联系实际。结构化在岗学习通常比课堂培训更有成效（参见附录B.3）。

📝 给高层管理者的建议

- 请务必牢记，员工时时刻刻都在学习，不仅从你的话语中获取信息，还会模仿你的行为。若你给员工设定了行为规范，那么请务必率先示范。

- 确认企业已制订了旨在学习关键技术和知识的计划内学习计划并有相应的实施机制。

- 确认计划内学习方案与企业战略和业务重点是一致的。

- 不要将计划内学习等同于课堂培训，向企业的培训主管领导提出更多挑战性要求，促使他们去创新性地探索其他一些行之有效的学习方法，如结构化在岗培训、上级指导等。

三、学习之路千万条

没有绝对好的学习方法。人类在各种学习资源和生活中学习（见图3-3），许多行为的习得都是通过观察和模仿——父母都知道这一点。员工也会通过观察和模仿来学习，尤其是向他们的领导学习，因此，正如上文所述，领导者能够"以身作则"非常重要。要掌握更复杂的知识和难度更大的技能则需要专门的课程学习、实际练习和接受指导。

图3-3 学习之路千万条

学习的方法多种多样，没有哪一种是最好的。最佳和最有效教学方法的确定取决于所学的科目和技能，它并不像通常认为的那样取决于学习的个人。

相比于其他学习方法，个体可能更喜欢用某种方法学习。例如，你可能觉得阅读是最佳的学习方法，而你的某位同事听课程录音的学习效果却更好。这就形成了流行的"学习风格"的概念，即有些人是视觉学习型的，有些人是听觉学习型的，而另外一些人却是实践学习型的。多年来，课程设计人员一直被教导，最好的学习方法是教学风格与学员学习风格相匹配。但事实证明，学习风格的说法并没有科学依据。你可能更喜欢以某种特定的方式学习，但这并不意味着你一定能学得更好，教学模式与所教科目相匹配才是最重要的。

因此，如果员工需要学习一项操作技能，如更换设备上的过滤器，那么教学中就要设置实际动手更换过滤器的环节；如果员工学着使用电子表格分析数据，那么他们就需要用电脑多加练习；等等。这一原则看似直观，但在实践中经常无法做到。特别是，企业培训（无论是课堂培训还是线上培训）仍然过于依赖被动学习方法，如使用幻灯片授课。虽然此种授课方式有助于讲解某个主题，但对于员工掌握某种工作技能，效果不佳（见本章"熟能生巧"部分）。

只有当学员能够积极参与课程互动，而不是被动地接受信息时，学习才能有效果。一般来说，学员付出的努力越多，所学就越丰富、越深入。教学方法不同，学员和培训师努力程度的差异很大（见图3-4）。很遗憾，大部分企业培训采用的还是努力程度较低的教学方法。

如今，越来越多的培训课程通过观看大屏幕进行，形成这种现象的部分原因是该教学方法可以节省差旅费、培训费、会议场地费等。就某些科目和技能的学习效果而言，电子教学不但不比课堂教学差，甚至还更好。例如，精心设计的计算机模拟程序可以让学员反复练习操作技能。遗憾的是，计算机教学程序大多未经精心设计。著名在线学习专家迈克尔·艾伦认为："虽然从很多角度来看，在线学习程序大多非常糟糕，但是，有时它也会为我们提供惊艳的学习体验——这些体验改变了某些个体的生活，为他们打开了新的职业生涯；不但帮助企业生存了下来，还实现了惊人的效益。因此，这不是一个课堂教学与在线学习的问题，而是一个精心设计并认真执行的教学与构思拙劣、目标有偏差或执行不力的教学的问题。"

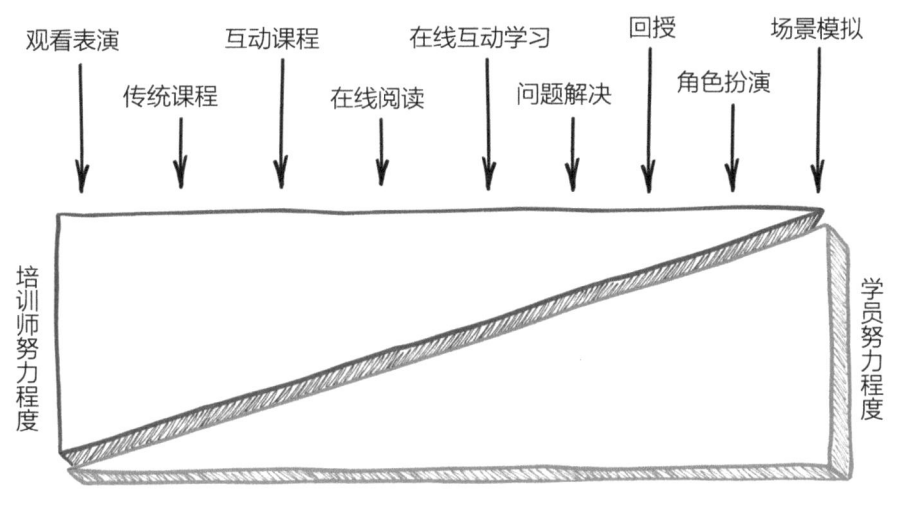

图3-4　需要学员付出更大努力程度的教学方法（如问题解决和场景模拟）比被动学习方法（如传统课程）更有效

作为一名业务经理，虽然不可能成为课程设计的专家，但你可以成为学习产品和项目的明智消费者。问自己一些常识性的问题："你为什么选择这种教学方法？""它真的是学习某项技能的最佳方法吗？""你如何判断这种教学方法是否有效？"

本准则的实际应用

给基层管理者的建议

- 鼓励员工自学。不要一味地给予答案或提供解决方案，而应向他们提问，鼓励他们钻研并汇报所得。

- 请直接下属从实用性、关联性和有效性等角度，评判所参加的课程培训。询问他们能否在培训后胜任工作？如果不能，原因是什么？向培训部门转达建设性的评价和改进意见。

- 鼓励员工互学。请经验丰富的员工指导新手员工，确保指导者和被指导者都明确学习的内容。

给HR或学习部门管理者的建议

- 鼓励培训类专业人员探索培训新技术，如虚拟现实技术、按需学习系统、嵌入式支持系统等。

- 要求培训类专业人员严格评估新培训方法的成本效益比，这样，他们就不会被"新亮点"所迷惑，更不会为了追求新奇而追求新奇。

- 审查课程中学员主动学习与被动学习的比例。理想情况下，至少应有一半的学员能够主动学习。

- 完成一份本部门的在线学习计划书，并评判它是否有用、高效、吸引人。

给高层管理者的建议

- 请培训事务的负责人提供一份企业目前学习计划的明细。审查这些学习计划，确保其中包含各种教学方法，而教学方法又与教学内容进行了精心匹配。

- 与培训事务的负责人探讨企业未来的学习战略。例如，在员工学习方面，企业未来应该进行哪些全新的努力？现在应该停止哪些计划，以便将其中的时间和资源投入更有成效的事项？

四、贴近实际

企业投资计划内学习的目的是改进工作绩效——效果更好，或效率更高，或二者兼有。但是培训学习和实际工作之间常常存在差距，课堂上感觉简单易懂的知识或技能，回到岗位上却难以实施，这是为何？因为培训中心的环境是可控的，而工作环境通常更复杂、更难预测。工作中碰到的很多实际问题在培训案例中是找不到的，而且不可能给你太多时间去思考解决方案。

培训项目本应促进学习与工作间的联系，但很多时候却并非如此。讲师往往花费太多时间照本宣科；学员没有足够的时间做真实工作场景下的技能应用练习，并在培训期间收到相关反馈。结果就是，当学员在实际工作中遇到实际问题时，并没有足够的应对能力。理论课程太多，实践练习太少，课堂案例过度简化，如此种种增大了学习与工作之间的差距。当学习环境和实际工作差距过大时，许多学员将无法逾越，最终一无所获，那么培训也就毫无意义了（见图3-5）。

图3-5 当学习环境和实际工作差距过大时，许多学员将无法完成技能和知识转化，也就无法收获有意义的业务成果

若要解决以上问题，应为员工设计非常贴近实际工作的学习体验。学习环境和任务越贴近实际工作，学习与工作之间的差距就会越小，二者的联系就会越紧密，员工也越能跨越差距，学以致用，最终学有所成（见图3-6）。

图3-6 精心设计的学习体验可以缩小学习环境与工作环境之间的差距，帮助学员顺利跨越

若要将学习与工作之间的差距缩减到最小（并借此提升培训价值），建议采取以下措施：

1. 设计与工作环境十分贴近的学习环境

当人处于学习状态时，除了听取课堂上教授的知识点，还会对环境组成要素进行编码匹配。学习环境与实际工作环境越相近，员工越容易将课堂上的学习成果转化到工作中。例如，航天员通过水下训练来模拟失重状态，传授手工技艺应使用真实的设备和工具。例如，制药巨头美国礼来公司一直保留着一条模拟生产线，专用于教授无菌生产的关键操作技术，另外，公司还设有一个培训仓库，用以教授叉车操作技能。礼来公司有此一举，正是因为已经感受到了学习环境与工作环境相符时，能为企业带来的好处——提高生产率和减少代价高昂的误操作。与之类似，问题处理、销售或者管理等方面的技能教学情境，也应该是真实且具有代表性的，应是员工在现实工作中极可能遇到的。

学习环境与工作环境越相近，技能转化就越容易。

---

2. 使用结构化在岗培训

显然，在岗培训可以让学习环境与工作环境得到完美统一。即便如此，为了保证培训效果，在岗培训也必须和其他形式的培训一样，具备计划性和目的性，也就是有明确的目标、设定好的流程和有价值的反馈。千万不要自以为，员工通过观察别人，就可以"不费吹灰之力"学到正确的技能。

许多企业发现，使用结构化在岗培训替代传统的课堂培训，能有效降低员工培养过程中的时间和经济成本。以美国马拉松石油公司为例，该公司通过实施结构化在岗培训来取代大部分以讲授为主的课堂培训，实现了对高水准技术人员的更快速培养。结构化在岗培训不仅能培养出更多的技术人员，还能为企业带来更多的灵活性和应对突发状况的能力。参与培训的技术人员及其主管会收到详尽的清单，其中详细列出了每项任务和职务级别所需的技能。技术人员在主管和同事的示范和指导下学习这些技能，一旦认为自己已具备胜任某任务或职务的能力，便会向主管展示以接受测试。若其展示正确且安全，主管将签字确认。由于大部分技能学习都在实际工作岗位上进行，因此这些技能很容易在日常工作中得到应用。

Up-to-Speed 一书的作者史蒂夫·罗森鲍姆指出，若企业能消除入职培训中的多数浪费现象，新员工达到工作胜任状态所需的时间将缩短30%或更多。他提出的"学习路径"方法主要包括以下几个步骤：首先，应清晰地界定新员工所需具备的各项能力；其次，绘制详细的教学流程图，并由专门的团队对这些流程图进行审查，以识别出其中的时间浪费、重复劳动和错失的机会，进而寻求解决方案；最后，基于审查结果，创建新的教学流程，该流程应涵盖结构化、有序化和标准化的在岗培训。

3. 创建真实的学习环境

当然，出于安全、责任或成本的考量，并非所有技能都适宜在工作环境中习得，因为有些工种的操作学习是不容出错的，一旦出错可能带来巨大的损失或危险，如核电站的操作员或喷气式飞机的驾驶员等。在这种情况下，高仿真模拟程序便为必要的练习提供了可能。无论是谁，都宁愿实习飞行员摔坏的是飞行模拟器，而非真正的飞机。

现代飞行模拟器与实际飞机的飞行体验极为相似，持证飞行员完全可以在模拟器中取得驾驶新型号飞机的资格。

设计精良的模拟程序还能加速效果或结果的显现，这有助于教授管理和营销技能。迅速而明确的反馈，如同碰到荆棘时，刺痛让人迅速抽回受伤的手，使得学习过程变得更为快速而直接。然而，如果行为结果（如一个商业决策）需要几天甚至几周才能明确，学习就变得困难了。借助精心设计的商战模拟，管理者可以在模拟现实场景中做出决策，并在几分钟（而非几周后）看到行为结果。这种做出决策并了解结果（行为学习）的体验，远胜于仅仅被告知该如何做的传统方式。

4. 设计多种多样的真实情境，让员工进行充分的练习

员工在现实工作中需要解决的问题，通常是多种多样的。即使是同一个主题，也不会有两个内容相同的推销电话，或者两个相同的人事纠纷，抑或两个完全一样的产品问题。因此，员工必须有能力准确评估各种不同的问题并做出适当的回应。但是，学习问题处理技能需要大量练习，所有技能学习都如此；而且，练习内容应是解决大量不同类型的问题，以此帮助员工逐步认识问题的共性与区别，学会根据形势发展调整问题处理方法。如果学习过程只涉及单一的角色扮演、模仿或者少量的练习，那就达不到前文要求的效果了。应该挑选员工可能遇到的、有代表性的培训情境，而且应该要求不同的情境采用不同的解决方法来完成。

5. 搭建支架（分级练习）

如果你的任务是培训飞行新人，你是不会在第一天就让这些白纸

一样的新学员使用767飞行模拟器的。他会被复杂的任务彻底击垮，然后无一例外地从模拟器上摔下来。同样，你也不会让小提琴专业的一年级新生，在第一课就学习演奏《任性的帕格尼尼》。无论哪个领域，学习复杂的技能都需要循序渐进，从简单的问题或技能开始，逐渐学会完成更困难或者更复杂的任务，这个过程被称为"搭建支架"（见图3-7）。

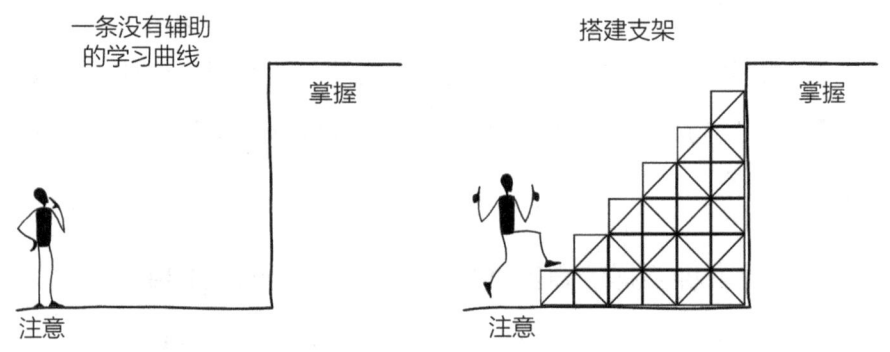

图3-7 搭建支架（循序渐进地学习）可加快知识的掌握速度

任何复杂技能都必须从解决（完成）简单的问题或者任务开始，循序渐进地学习。

若想把上述练习方法运用到企业学习中，就必须建立分级学习体验。学员刚入手时的任务相对比较容易，可以有充裕的处理时间并获得大量的外部帮助；接下来，任务或问题会越来越难，获得的外部帮助会越来越少，要求的处理时间会越来越短。这一练习过程会持续进行，直到员工处理任务或问题的熟练度和速度已全部达到岗位要求。

6. 对实际工作绩效进行评估

许多培训项目会在培训最后安排一个评估环节，检验学员是否掌握了培训内容。学员必须完成考试且成绩合格，才能证明本次培训达标。然而，学员的上级却常常抱怨说："员工都考试通过了，为什么工作还是不会做呢？"

为何如此？这是因为，培训最后的评估环节只偏重测试事实信息的记忆情况（浅层学习），而这些测试内容却只占岗位胜任要求的一小部分。事实上，信息记忆得最多，不代表工作绩效一定最优。正如前文所论述的，学习环境与任务应尽可能贴近实际，考试环境与任务也应如此。为了成功完成全部培训项目，学员无论是在实际工作中还是在非常贴近现实的情境中，都应展示出完成实际工作任务的执行能力。只有做到这一点，我们才可以确信，他们在实际工作中也能做出令人满意的成绩。作为一名管理者，你应该坚持测试那些实际工作技能。

考试环境及任务应该尽可能贴近实际。

本准则的实际应用

📄 **给基层管理者的建议**

- 对下属人员参加的新员工培训进行严格评估。如果培训中缺少基础技能和知识的教导，请反馈给培训主管部门供日后改进。

你的反馈意见非常重要。

- 同样，如果下属人员已经通过了培训考试，但仍未熟练掌握所学的工作技能，也请告知培训主管部门，并建议开展更多相关的工作技能考试。

📋 **给HR或学习部门管理者的建议**

- 向学员及其领导征求有关培训后员工工作表现的反馈，识别无法学以致用的知识和技能并加以改进。

- 审阅培训计划，确保培训方法、环境和课堂练习尽可能贴近实际工作。

- 尝试采用与课堂培训不同的结构化在岗培训模式（参见附录B.3）。

📋 **给高层管理者的建议**

- 询问你的下属主管，目前的培训对员工在工作中的表现有多大帮助。如果他们指出了具体的技能或知识差距，就请培训部门管理者制订解决方案。

五、准时学习

精益管理的一个重要原则是"准时制"（也称为"拉动式"），其核心理念在于，在客户准备就绪之前，不应生产产品或提供服务。日本丰田公司倡导并成功实施了"准时制"生产方式，因此节省了大量成本，获得了显著的竞争优势。在服务行业，"准时制"意味着服务准时从客户准备好的那一刻开始，既不过早，也不过晚。将"准时制"的理念应用到学习中,便意味着在人们刚好需要的时候开始学习,既不提前,也不推后。

"准时制"之所以成为一种有效的学习方式,有着充分的理由。首先,学员需要有学习的动力。当学员在执行任务或解决问题时,如果能准时观摩任务执行方法或了解问题解决办法,他们就更有动力去记忆并在日后重复使用。这是因为在现实问题背景下的学习往往更为深刻。由于减少了学与做之间的遗忘过程,这种准时学习的效果十分显著。

19世纪80年代,德国心理学家赫尔曼·艾宾浩斯首次系统地研究了学习和遗忘的关系。他发现,所学知识在没有得到记忆强化的情况下,遗忘速度非常快。在学习新知识的那一刻起,遗忘就已经开始了。几天之内,人们就会忘记学到的大部分内容(见图3-8)。因此,学习和应用的间隔时间越短,人们就越有可能记住所学并正确执行。相反,如果要求员工去学习那些可能几周或几个月都用不上的内容,如新员工的入职培训课程,等到真正需要用到时,能够记忆并应用的往往寥寥无几。结果就是,学习上的投资往往得不到应有的回报。

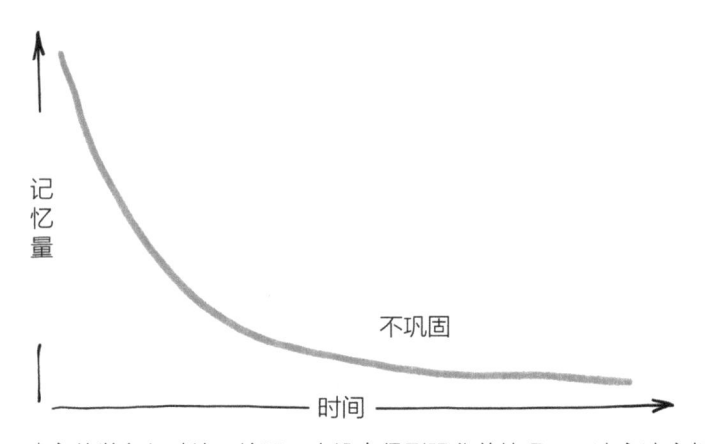

图3-8 遗忘从学会之时就开始了,在没有得到强化的情况下,遗忘速度相当快

无线网络和智能手机的普及使按需学习——戈特弗里德森和莫舍尔将其称为"在需要的时刻学习"——变得可行且经济。以下是五个关键学习时刻：

- 第一次接触新任务时。

- 当职责范围在深度和广度上扩大时。

- 需要应用以前所学知识时。

- 遭遇棘手问题或工作进展不顺利时。

- 新技术或新流程的应用改变固有工作方法时。

在这些关键学习时刻为员工提供准时指导，相较于指导与求知需求脱节的情况，能带来更好的学习效果和更高的效率。为准时学习提供技术支持的一种方法是，在员工需要了解或完成某些任务时，提供实地过程演示或演示视频链接。利用这些精心设计的技术支持工具可以显著减少甚至消除对额外培训的需求。

本准则的实际应用

给基层管理者的建议

- 尽量在需求出现之时安排培训。

- 鼓励员工通过查找资料寻找答案。在会议或简单闲谈中便可做示范："我不确定，让我们查一查。"

给HR或学习部门管理者的建议

- 向课程设计团队发出任务挑战，让他们开发更多网络教学课程，以便员工随时随地学习，准时得到实用的指导。

> 📋 **给高层管理者的建议**

- 向HR或学习部门负责人部署课程设置任务，以便培训适时、务实，更贴近真实需要。例如，让新晋升的经理在入职30天内接受领导力发展培训。

六、重视反馈

学习依赖于反馈。及时、具体的反馈信息是最有效的，它有助于厘清其间的因果关系。如果你用手触碰滚烫的炉灶，马上就能学到什么叫"烫"，而且绝对不会再次伸手过去（见图3-9）。这是为何？因为你在触摸炉灶的一瞬间，就收到了迅速而明确的反馈，那便是：真的很痛！

图3-9　滚烫的炉灶可以给你迅速而明确的反馈，你马上就学到了：它不能碰

如果我们希望员工快速学习，就应该为他们提供学以致用的工作机会，并对工作的完成情况做出迅速、具体的反馈，让他们知道已达

标的行为和尚需改进的问题。若是无效反馈，员工因为无法知道所采用工作方法的对错，就不可能实现学习和改进。就如同你念错了一个词语，但因一直无人纠正，就会继续错着念下去。

你若要熟练掌握各类技术，就应向比你更专业的人士寻求反馈和指导。如果你曾尝试学习体育项目或者乐器，就一定知道教练或者导师的重要性。教练会首先鼓励你完成一些动作，如发球或者演奏困难的乐章，然后再对你的完成情况和方法进行反馈。好的教练会让你每次集中关注一至两个具体的改进项，他知道你不可能同时实施太多改进（如一次改进六个）。学习过程是一小步一小步循序渐进的，随着专业知识的增长，教练给你布置的任务也会越来越具挑战性。

员工要快速学习，就需要得到迅速而明确的反馈。

父母最重要的责任之一就是向孩子们提供反馈，帮助他们学习：在某个特定场合，哪些行为恰当，哪些行为不恰当；怎样和他人相处；如何正确书写姓名；怎样表达尊重；其他形形色色的生活技能。同样，管理者最重要的职责之一是给员工提供反馈，比如他们目前的工作绩效以及改进方法等。从这方面讲，管理者能够而且应该成为员工最重要的在岗学习渠道。

本准则的实际应用

给基层管理者的建议

- 尽管员工的第一次尝试可能失败，但仍应为他们提供尝试新方法、在实践中学习的机会。

- 确保你的下属可以获得高频、快速、具体的绩效反馈（包括正面反馈和负面反馈），不要只等待每年一次的年度绩效考核。附录A.3可帮助你向员工提供有效反馈。［肯·布兰佳在《一分钟经理人》一书中指出，高频、快速（一分钟）的反馈，特别是正面反馈，远比复杂的绩效考核有效。］

- 每次集中关注一至两个改进项。

给HR或学习部门管理者的建议

- 为提高管理者所提供反馈的数量和质量，应给他们提供相关培训和工作辅助。

- 审查反馈专项调查，统计分析员工对目前所获反馈的满意度，并将分析结果汇报至高管层。在多数企业中，员工都希望获得更多的反馈。

- 确认你所提供的培训项目，可保证学员有大量的机会将新知识和技能应用于实际工作中，并在学以致用的过程中收到及时、有效的反馈。

给高层管理者的建议

- 鼓励中层和基层管理者多为员工提供反馈。

- 以身作则，经常向你的直接下属提供有用的绩效反馈，帮助他们每次集中关注一个特定的改进项。
- 关注反馈专项调查中员工对所收到反馈的看法。领导的绩效反馈做得越好，员工便会越努力，其工作绩效也将更接近卓越。

七、学必常思

第七项学习准则是说，真正的学习需要将学习行为与反思相结合。提到"真正"的学习，我们就要对所谓的"深度"学习做一个解释。深度学习是指理解概念，将新观点与原有知识联系起来，并能够将新的技能和概念应用到新的情境中（见图3-10）。

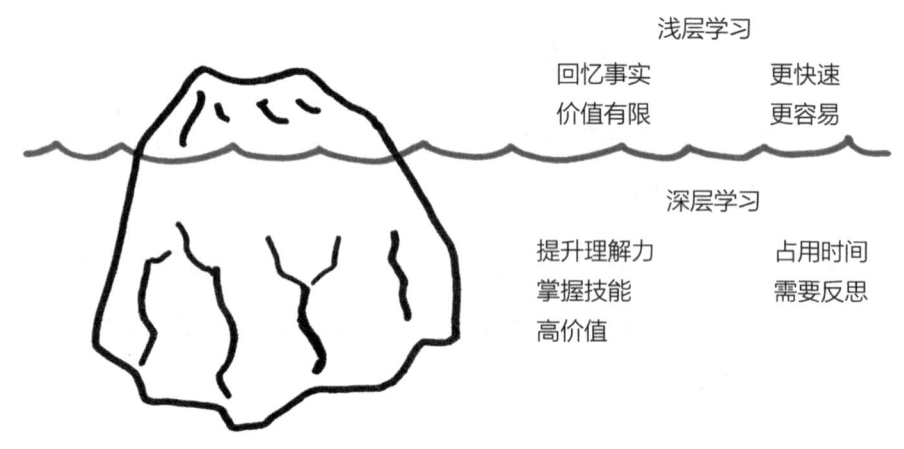

浅层学习
回忆事实　　更快速
价值有限　　更容易

深层学习
提升理解力　占用时间
掌握技能　　需要反思
高价值

图3-10　深度学习虽需要时间和反思，但价值更大、更持久

相反，浅层或表面学习仅仅是记忆信息并在日常工作中机械应用，不会涉及对潜在法则、原理或局限性的理解。相比深度学习，浅层学习更快、更容易，然而浅层学习对个人和组织而言，价值较低。员工就算从事相对常规的工作，也需要理解制度与流程的制定原理和

局限性，才能合理地遵照执行。

表象传递（浅层学习）是很容易的，深度学习却不会只停留在师生间简单的知识传输，它需要学员积极参与、不懈努力并认真反思。Forum公司的《工作场所学习准则》中讲道："成功的学习应包括行为本身（脑力、体力或二者皆有）和对该行为及其后果进行反思（或加工）的机会。"深入领会和深度理解来自反思和分析阶段。因此，为了促进深度学习并实现领悟应用，在设计计划内学习项目时，必须将学员反思需要的具体时间和支持一并考虑进去。遗憾的是，由于追求效率这一错误意识的存在，很少有企业做到了这一点。

> 反思是推动学习周期的发动机。

反思需要耗费时间和精力。面对有限的培训时间和繁重的教学内容，课程设计人员往往会删减主动学习和反思练习，以保留更多课堂教学和被动学习，如幻灯片讲座等。虽然课堂教学是一种高效的信息呈现方式，但它并不是最佳的学习方式。

按照《工作场所学习准则》所讲，上述做法的问题就出在，"当我们时间紧迫但又急需成果时，会只完成学习行为，而牺牲掉其后的反思环节。但反思是推动整个周期的发动机——若无反思，学习速度会减缓甚至完全停滞"。没有反思的学习是肤浅而短暂的，所以它的商业价值也十分有限。要从培训与发展投资中发掘更大的价值，就要给予学员更多的时间和更大的鼓励，让他们对学习内容进行反思。

本准则的实际应用

给基层管理者的建议

- 养成适时反思的习惯。在完成汇报、会议或者重要会谈后，请向自己提几个问题：整件事情完成得如何？哪些地方做得好？哪些地方尚需改进？

- 你也可以用上述问题来训练员工，帮助他们反思各自的工作绩效并总结经验教训（例如，在员工打完一个销售电话后提问）。

- 通过定期开展"事后回顾"，在员工中形成反思的风气。无论项目成败，都应要求团队在每次完成后反思执行过程和经验教训。附录A.4可以指导你如何引导事后回顾。

给HR或学习部门管理者的建议

- 审查企业的培训与发展计划。计划是否设置了充足的反思时间，并鼓励学员积极反思学习内容？抑或是学员把绝大多数时间都花在了听课和死记硬背上？

- 如果现有的培训与发展计划中没有设置专门的反思环节，请新增上去。

- 审查企业的在线学习计划。计划是否通过促进员工解决问题、做出决策、获得反馈和积极反思，来加强深度学习？或者，是否只是通过简单陈述信息、测试记忆效果等，来推进浅层学习？

给高层管理者的建议

- 向你的高管层提问，刺激他们反思。例如，可提出以下问题：

这种情况为什么会发生？我们将来应如何改进？你总结了哪些经验教训？有关帮助信息请参见附录A.4。

- 以身作则。让大家看到你也在投入时间反思，与大家分享你反思个人经历得来的经验教训。例如，你可以说："反思我们去年的成功，我认为关键之处在于……，而且我认为，如果我们能做到……，应该可以更成功。"

八、熟能生巧

深度学习需要反思，提升技能则需要练习，而且是无数遍的练习。回想一下，你为了熟练掌握一个简单技能，例如，第一次学习系鞋带，需要练习多少遍？一种乐器需要练习多少遍，才能演奏出第一首真正的乐曲？又或者，一个体育项目需要练习多少遍，才能在赛场上争得一席之地？技能学习不可能一蹴而就，它只会随着时间的推移，在反复练习中逐渐提高。如果我们希望员工岗位技能更熟练，比竞争企业的员工更优秀，那么就要为他们提供计划内的练习机会，并对其学习和应用情况进行反馈。

每项工作都要求员工的知识和技能兼备。例如，销售人员如果只知道产品的特性和优点，是无法保证把产品卖出去的。优秀的销售人员还需要具备出色的推销和人际交往技能，可以识别客户的需求，积极倾听意见，回答问题，按客户需求定制信息和报价，最后完成销售。同样地，要成为优秀的管理者，你必须有核心管理原则方面的知识，但是，如果没有人员管理和情商等方面的技能，只有知识也是无济于事的。

必须练习，意味着没人能把技能"直接交给"你，正如没人能把渊博的知识直接递送给你一样。听完介绍自行车骑行方法的讲座，不代表你就会骑车了；看完电影《卧虎藏龙》，不代表你就是武术大师了。你必须通过练习来逐渐提高技能，而且还不能只是随便练练。

无论哪个领域，要成为行业翘楚都必须进行有目的的练习。有目的的练习（或者叫刻意练习）不是简单重复，否则便不可能实现绩效改进。有目的的练习会重点关注具体、明确的改进目标。刻意练习包括两方面，一是将你推至现有能力的极限状态，二是积极寻求此状态下对你的绩效反馈。《刻意练习：如何从新手到大师》一书的作者安德斯·埃里克森指出，练习量与成绩水平之间存在直接关联（见图3-11）。事实上，正如杰奥夫·科尔文在《哪来的天才》一书中指出的，刻意练习量似乎是比天赋更好的卓越绩效预测指标。

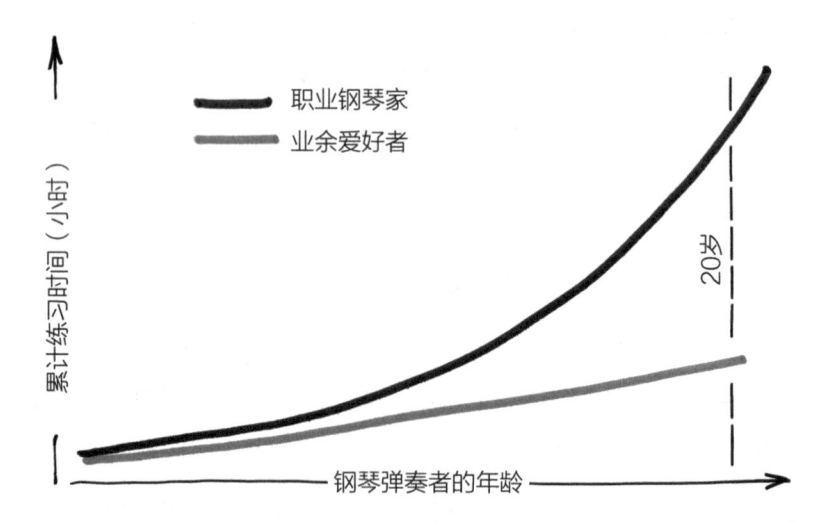

图3-11 钢琴家的练习量远远超过业余爱好者（依据安德斯·埃里克森、拉尔夫·克兰普和克莱门斯·特施-罗默相关分析所得）

杰奥夫·科尔文这句话给了管理者一个启示：如果想提高组织绩效，我们应在现有候选人中选择能力最强的；但更重要的是，我们还应激励员工坚持练习。因为，对应某种心理或某个技能的神经通路被使用次数越多，这种心理和这个技能就会越强大，越有效率；但是当你停止练习后，它又会慢慢变得生疏。这就是为什么职业的音乐家、运动员以及各行业的顶尖人才，即使已经达到巅峰水平也还要不断练习。

安德斯·埃里克森估算，要成为真正的行业资深专家，需要练习1万小时左右。然而，大多数的工作并不要求达到安德斯·埃里克森所研究的那些专家（如国际象棋冠军、举办音乐会的钢琴家等）的水平，所以也不需要那么大的练习量。但是，熟能生巧的原则对所有技能都是适用的。无论什么岗位，只要坚持练习，且目标明确，能收到上级反馈，就都可以提升工作绩效。所以，企业的计划内学习项目中应包含专门的练习部分，练习部分又包括及时、专业和中肯的反馈。

有反馈的刻意练习能提高任何工作的绩效。

理解体育项目或者短笛的练习方法似乎不难，但若换作练习业务技能呢？其实也不难，你只需利用好每天的技能运用机会。例如，销售人员可以通过一次次拨打推销电话磨炼销售技能，而每一次的工作汇报都可以锻炼表达能力，每一次的生产流程运行都可以练习设备操作和过程管理……为了在此类在岗练习中有所收获，你应该努力做到以下几点：

- 以改进为目标。

- 积极向导师或上级领导寻求反馈。

- 边练习边反思，问问自己哪些地方做得好，哪些地方尚需改进。

反复练习对于养成新的习惯也很重要。如果业务目标设定为员工能够安全操作设备，或者必须 100%响应客户需求，又或者坚持按照特定方式展示产品，那么这些行为就必须成为员工的习惯，也就是说，他们必须不假思索地自动执行。但是习惯与技能一样，需要花费时间逐步养成。视情况不同，一般需要三到八周的持续练习，才能牢牢养成一个新习惯。而且，即便养成了，如果不练习巩固，也容易倒退回效率低下的旧习惯。

落实到企业学习，本节的提示是，若要员工强化技能，养成良好习惯，改进工作绩效，那么无论是其培训期间还是在岗工作时，企业都应提供练习机会并鼓励其勤加练习，其中又以在岗练习尤为重要。

习惯与技能一样，需要花费时间不断练习，才能逐步养成。

本准则的实际应用

📋 给基层管理者的建议

- 要求员工培训回来后马上练习新技能，避免遗忘。

- 确认员工一直在反复练习新技能或新方法，直到将其升华为个人习惯。

- 表彰那些努力运用新技能并勤加练习的员工。

📝 给HR或学习部门管理者的建议

- 确保培训项目中已包含充足的练习，学员完成后可进入后续技能提高流程。

- 与基层管理者通力合作，保证返岗后的学员能够实际应用新技能和强化新技能。

- 培训效果统计的不是员工学到了多少记忆性知识或对培训的满意度如何，而应该评估培训结束后的新技能实际应用情况。

📝 给高层管理者的建议

- 阐明练习核心业务战略的重要性，设定好基调。例如："我们要求，所有工厂每天必须练习安全操作流程，绝无例外。"或者"我们要求，所有员工必须练习在任何时候都礼貌对待每一位客人，尊重每一位客人，你希望别人怎样对你，你就练习怎样对待别人。"

- 向你的直接下属提出一些具有挑战性的问题，例如："你在部门里是怎样激励员工做某某练习的？又是如何实施奖惩的？"以此倡导其部门内勤学苦练的风气。

九、保证学习时间

学习是在重新搭建你的大脑网络。通过数天的学习，大脑的神经细胞之间会形成新连接用以将新思想连入已有知识中，创造新的神经通路，并强化现有的神经通路。这个编码和巩固新信息的过程需要耗费时间，因为大脑细胞容量有限，在一定时间内能处理的新信息量也是有限的。

虽然人的学习速度有快慢之分，但是每个人吸收新思想和信息的速度都是有上限的。当人的吸收和处理速度赶不上新事物的呈现速度时，就会产生一种叫作"认知负荷"的状态。认知负荷会显著降低学习的质量和数量（见图3-12）。当一个人短时间内被灌输了太多的学习内容时，就会将核心概念与细枝末节混为一谈，并且忘掉大部分自己听到的内容。他们会变得沮丧，对所学课程产生厌恶情绪。

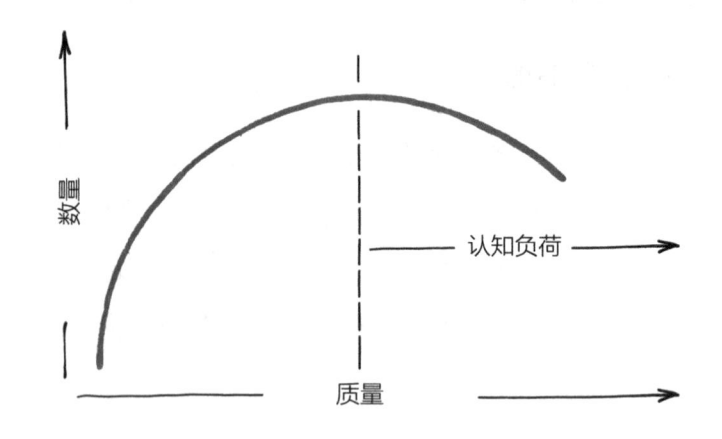

图3-12　如果信息的呈现过多、过快，学习的质量和数量都会下降

认知负荷是企业培训中最常见的问题之一。企业若要求压缩员工的培训时间，培训师往往会将海量的学习内容飞速地灌输给学员。他们把绝大多数时间用来教授书本知识，并未留下充足的时间用于学员反思和练习；然而，正如前文所论述的，反思和练习是学习中最有价值的部分。这是因为，讲师在课堂上讲到了，并不代表学员实实在在学到了，或者如学习领域著名的研究员露丝·克拉克的那句名言："讲到的不等于学到的。"

讲到的不等于学到的。

当员工接收到的知识量超过其吸收能力时，他们不得不将知识分为需要深入学习和可以暂时忽略的两部分。然而，他们可能难以判断哪些知识值得集中学习，因此有时会专注在不必要的方面。为此，管理者和课程设计师需要携手合作，明确界定与实际工作紧密相关的重要知识点，确保员工有足够的时间掌握这些理论知识，并在实际工作中得到恰当的指导。

认知负荷在新员工培训中尤为常见。许多企业都急于把新员工未来一年的学习内容在几天之内全部教授给他们。其结果是，很多内容新员工完全没有学到，而学到的部分还没等用到也已经忘记大半了。要解决这个问题，应该让新员工将全部学习时间分隔成几个阶段，并规划一个包括课堂教学、网上学习、在岗训练等全方位学习活动的完整学习路径（参见附录B.4）。在培训中引入间隔学习法不仅能改进学习，还可以实实在在地减少员工成长时间。

导致认知负荷的另一个常见原因是聘请业务专家当讲师。能在各自领域（经过多年的学习和实践）成为专家的人，通常已经不了解新手需要学习的内容了，他们会不自觉地讲授很多超出员工学习需求的内容。其结果是，学员出现认知负荷问题，甚至连基础知识也没能学扎实。如果能少一点专题讲座，多一些练习和反思，企业的很多学习项目其实可以更有成效。换句话说，与其让员工泛泛地学做十件事，不如专注地做好三件事。

试图在短时间内灌输太多信息或者陌生事物，其实并不划算，人的学习速度是有上限的，将速度缓下来反而可以学到更多。

本准则的实际应用

📋 给基层管理者的建议

- 下属参加正式培训项目后，应对其进行跟进。检查他们是否理解了核心概念，是否清楚知道把培训所学运用于工作的方法。

- 如果你发现下属总结不出自己的学习成果，或者因接收的信息量过大而难以承受，应及时向培训主管部门反馈，促其改进。

- 如果你发现下属对培训准备得很充分，一定及时令培训部门及该下属的主管知晓，并鼓励该员工继续努力。

📋 给HR或学习部门管理者的建议

- 关注培训与发展项目中的认知负荷问题，在线学习和课堂教学都容易出现认知负荷。

- 向学员实施检查：是否真正掌握了学习内容？是否因学习量过大而难以承受或者感到困惑？是否有信心把学到的知识和技能运用到工作中？

- 确定每个项目的学习重点。与学科专家一起，努力抑制住对细节的热情，将重点集中到员工完成岗位工作所需的知识和技能上。

📋 给高层管理者的建议

- 针对培训项目的认知负荷问题，询问HR或学习部门管理者：采取了哪些管控措施？如何控制培训节奏，不至于讲得太多太快？

- 请务必牢记，你的主要领导职责之一是教导员工，如果你能注意避免认知负荷问题，那你的领导力将更进一步。不要试图每次发言都面面俱到，只传递与企业愿景和战略相关的关键信息，不要包含太多细节。

十、善用间隔学习法

同一课题每间隔一段时间就重复学习一次，可获得更深刻持久的学习，这是最著名且最有功效的学习准则之一。本尼迪克特·凯里在《如何学习》一书中根据对学习的研究得出结论："在学习科学知识的过程中，就学习效果的直接性、显著性和改善性而言，没有任何方法能比得上间隔学习法。"

然而，当信息被重复学习几遍以后，记忆就会加深许多。若重复学习是每间隔几小时或者几天发生一次，则记忆就会得到最大深化——我们称为"间隔学习法"（spaced learning）（见图3-13）。同样的现象也出现在了"肌肉记忆"，也就是运动技能上。每间隔一段时间便重复练习一次技能，可以提高技能的长期水平。

间隔学习法也可应用于独立学习。利用数天时间完成间隔学习的学生，其考试成绩一定会优于考前临时突击一个晚上的学生，即便二者的总学习时间是一样的。非常遗憾的是，虽然实践已强有力地证明了间隔学习法的良好效果，但很多学生还是会选择考前突击，很多培训项目也还是会每个课题只讲一遍。

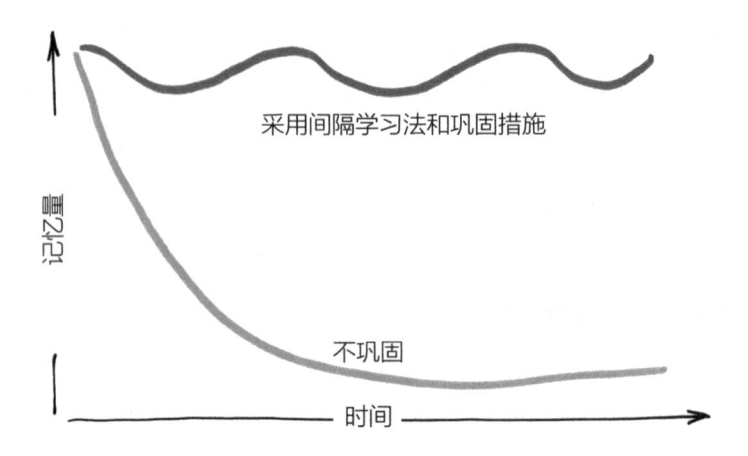

图3-13 如果没有复习巩固，就会遗忘得很快。间隔学习法（每间隔一段时间便再次学习课题或者重复练习技能）可以增强理解力和记忆力

营销人员早已理解了间隔学习法的价值。因此，他们才会把工作的重中之重放在"保持信息联系"上——向客户一遍遍重复发送相同的主题和信息，确保他们记住自己品牌的特点和主要优势。想想那些全球知名的品牌，如可口可乐、麦当劳或丰田汽车，是如何大量重复关键主题和信息的吧。

间隔学习法应该更广泛地应用到企业培训与发展中。如果学习能集中在少数几个共同主题上并按照间隔学习法实施，其效果将会更好、更持久。间隔学习一个主题或者技能，可以在每次重复时较前次学习提升一些难度。这种方法除了应用到单独的培训课程中，还应该在完整的发展课程体系中进行跨课程应用。微学习可以将一个较长的培训课程分割为一系列短课（每节课5~20分钟），有利于避免认知负荷问题，同时充分发挥间隔学习法的优势。尤其重要的是，确保系列课程有共同的主题，并将长期人力资源开发计划（如领导力发展计划）的各个部分结合起来。

> 学生若能采用间隔学习法,学习效果将会更好。

本准则的实际应用

📝 给基层管理者的建议

- 采用间隔学习法提升部门的培训价值。

    □ 在后续的团队会议或者交流中,要求近期参加培训的学员与大家一起分享学习成果,并举例说明在工作中应用培训所学知识和技能的实际做法。

    □ 有一点请务必明白,向员工提出分享学习成果的要求,可以督促他们对培训内容加以反思(间隔学习法),并加倍努力将所学应用到工作中。

📝 给HR或学习部门管理者的建议

- 探索能够运用间隔学习法学习计划内培训项目的方法。

- 要求培训课程的开课人或者设计人,将间隔学习法和学习巩固措施运用到单课程和跨课程的课程设计中。

- 确保系列培训课程的所有组成部分(如管理与领导力培训课程)都有共同的主题,并进行反复强化。

📝 给高层管理者的建议

- 采用间隔学习法,形成企业优势。

    □ 利用各种沟通机会,向员工反复宣讲你希望根植于企业、人人牢记的最重要的原则或战略。

- 个人做正式发言时，应开宗明义陈述重点，并在结束发言时再次总结重点：告诉员工你将要讲述什么，然后详细讲述，最后告诉他们你全程重点讲了什么。

• 让HR或学习部门管理者将间隔学习法应用到战略领导力发展等重要的培训项目中，不要只把各个培训项目当作孤立的"事件"来对待。

第四章

以绩效为导向的学习设计

鉴于学习的战略重要性，应像管理业务一样管理学习。也就是说：

- 学习计划应有明确的目标，并与企业整体业务战略密切相关。

- HR或学习部门管理者应负责衡量和报告学习计划的进展情况。

- 应将精益管理用于企业学习，以优化流程，杜绝浪费。

- 每份商业计划书都应包含学习章节，介绍实现目标所需的学习内容。

- 为确保员工能够学以致用，业务主管应对其提供必要的指导与鼓励，并对其学习成果给予认可和奖励。

一、将学习与业务重点挂钩

虽说只要使用得当，广义的学习和狭义的培训都可以提高绩效，但这并不意味着所有的培训都是值得的，也并不意味着大量的组织培训就能改进绩效。向员工提供计划内学习必然要投入时间和金钱，而这些时间和金钱也可以用在其他方面。各级业务领导应像管理其他投资一样管理培训投资，并确保它成为一项优质投资。为达到以上目的，实施培训应有如下前提：

- 有合理的业务目的。

- 若由预期收益反推，证明成本是合理的。

- 已评估所有的可行方案。

- 培训已被评估为最有价值的方案。

- 一旦获批，每个课程都能得到有效的规划和管理。

计划内学习的设计流程应从识别战略业务需求开始。正如史蒂芬·柯维在《高效能人士的七个习惯》一书中写道的："以终为始很重要。"要明确：学习产生的预期业务结果是什么？增加销售？降低成本？改进质量？提高客户满意度？

以终（业务目标）为始很重要。

业务结果是企业在市场上获得的回报，它不是单纯的能力、技能或知识，也不是"制订培训计划""提高学习意识""学习六西格玛质量管理体系中的DMAIC模型"这样的表述。培训投资的业务目的是提高企业绩效，因此，其预期收益应该用业务术语（而不是学习术语）来表示，用以证明成本合理，并指导课程的设计、开展和最终评估。

界定预期业务结果是描述最有效的学习型组织的六项法则的第一项，也是最重要的一项（参见附录D）。业务结果是学习之旅的目的地，确定了它才能选出最好、最有效的路线，因为"如果不知道去哪里，又怎能选择走哪条路呢"。

二、确定业务目标

界定好想要的业务结果，接下来就应进行绩效分析，识别出实现预期目标所必需的重要在岗行为和活动。业务领导与组织发展专家应相互配合，共同回答目标计划关系图（见图4-1）中的四个问题：

- 业务目标是什么？

- 为实现业务目标，参与者应如何改变或改进工作行为？

- 证实变化的依据是什么？或者证明人是谁？

- 业务目标成功实现的具体衡量标准是什么？

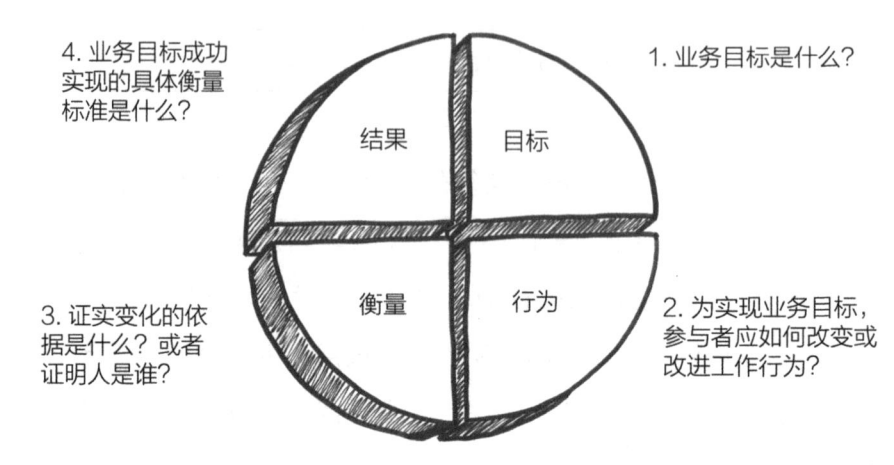

图4-1 为保证培训项目有效设计，必须回答的四个问题

识别员工为实现预期目标所必需的具体行为和活动非常重要，因为正是行为创造了价值。虽然我们常说知识和技能都需要，但是知识只有转化为有效或（且）高效的工作行为时才具有价值。仅仅知道做什么还不够。这就是上述第三个问题（证实变化的依据是什么？或者证明人是谁？）也很重要的原因。它要求各级领导思考学习是否达到预期目标的判断方法，以便后续采取相应的行动：如果有效，就扩大学习；如果无效，就修正改进。如果学习没有引起员工绩效的变化，那么就不会实现预期的结果。

最后，明确业务目标成功实现的具体衡量标准也很重要。换句话讲，项目的SMART（具体的、可量化的、可实现的、现实的、有时限的）目标是什么？在什么样的时间框架内，需要改变到何种程度才能证明所投入成本是合理的？量化预期目标，对于判断学习项目的重要性和衡量所投入成本的合理性都非常重要。

确定培训与发展项目的预期目标，还有另一个重要原因：成人知道学习目的和个人收益后，参加学习会更有成效（参见第三章第一项学习准则：从设定目标开始）。预期业务目标、实现业务目标的技能与行为需求、计划内学习项目三者之间应该有紧密、明显的联系（见图4-2）。它们的联系越清晰，越符合逻辑，领导越支持员工参加培训，员工也会更自愿参加。

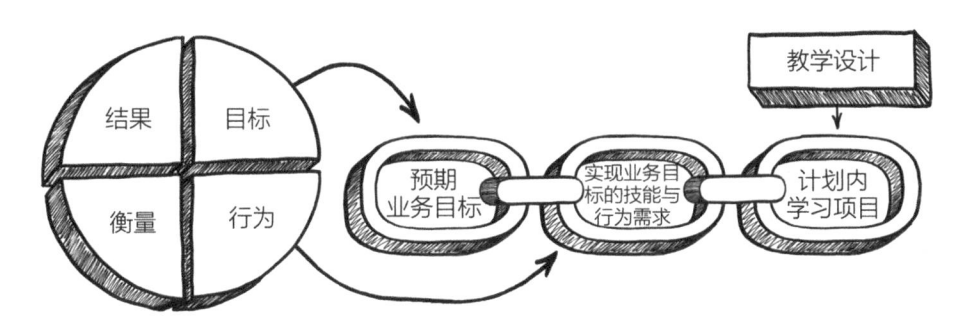

图4-2　学习价值链应在预期业务目标、实现业务目标的技能与行为需求、计划内学习项目之间建立起清晰、有力、符合逻辑的关联

本准则的实际应用

给基层管理者的建议

- 确定你已理解下属拟参加的每项培训的业务理由，只有这样才能向他们清楚说明参加培训的益处。
- 如果你不知道或者不赞同培训的业务理由，请要求培训主管部门解释清楚。

给HR或学习部门管理者的建议

- 设立流程，要求每个培训申请都必须说明业务理由。
- 培训你的培训设计人员和绩效顾问，要求他们按照目标计划关系图中的四个问题进行提问。
- 确保培训的业务理由和预期目标与拟培训人员及其领导相关，只有这样对方才会接受和参与。

给高层管理者的建议

- 设立指导委员会定期审查企业的学习项目，确保这些项目能优先满足企业最重要的业务发展需求。
- 坚持培训与发展投资应配合重大业务项目的原则。相关模板参见附录B.2。

三、挖掘问题根源

企业若要发展，就必须保持比竞争对手更好的业绩；管理者若要升职，就必须比其他的职位竞争者表现出色。如果当前的业绩（"现在是"）与目标业绩（"应该是"）之间存在差距，就要找出形成差距的根本原因，并采取适当的解决方案来缩小差距。差距形成的原因不同，培训可能包含在解决方案中，也可能不包含在解决方案中。

尽管本书重点是学习在创造竞争优势中的作用，但要牢记，员工缺乏必要的知识和技能只是企业绩效水平不佳的原因之一，并非全部原因。因此，培训不能解决所有的绩效问题。许多情况下，培训完全是个错误的解决手段，它只会浪费时间和资源，对绩效提升毫无帮助。

国际绩效改进协会（ISPI）提出的4W模型是一个有用的绩效研究模型。该模型指出，组织的绩效取决于四个因素，它们的英文名字都以字母"W"开头，分别是外部环境（World）、工作（Work）、员工（Worker）和工作环境（Workplace）（见图4-3）。"外部环境"是指企业经营环境中很大程度上超出其控制范围的因素，如政府监管或者竞争对手的行为等。"工作环境"是指企业内部环境的特性，包括组织架构、招聘与薪酬制度、企业文化及管理措施等。"工作"是指具体工作的组织安排及必要的流程、工具、系统和信息等的提供。"员工"是指企业工作人员的特征，包括知识、技能、工作态度和劳动合同期限等。

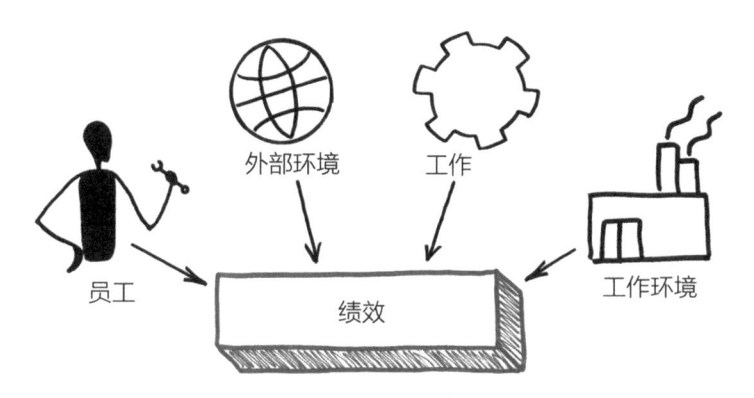

图4-3 组织的绩效受到员工、外部环境、工作和工作环境相关的各种因素的影响

绩效的四个影响因素：外部环境、工作、员工和工作环境。

该模型最重要的贡献是指出了四个因素的合力决定绩效。所以，要改进绩效就必须考虑到所有潜在的动力和阻碍。但绝大多数时候，领导都想当然地认为，员工绩效不好是因为缺乏胜任岗位工作所必需的知识和技能，一味地要求HR提供培训。

然而，绩效不理想的原因之一可能是工作本身或工作环境出了问题，而不是员工缺乏知识或技能。员工可能知道工作方法，甚至可能非常希望或者渴望完成工作，但是由于缺少合适的工具、时间或者信息，最终还是无法全力以赴。正如吉利·鲁姆勒的那句名言："让优秀的员工与糟糕的体系对抗，只会是体系一次又一次地赢得胜利。"

让优秀的员工与糟糕的体系对抗，只会是体系一次又一次地赢得胜利。

或者是另一种原因，员工具备充足的技能和知识，并且有足够的动机想干好工作，但是领导没有给他足够的指导和有意义的反馈（见图4-4）。总结起来就是，员工必须掌握必备的知识和技能才能胜任工作，但不能说员工绩效不好就一定是缺乏岗位技能。为了使绩效水平具有竞争力，你必须仔细考虑影响绩效的所有潜在障碍，找出其中最主要的加以解决。只有当绩效不好的根源是缺乏必备的知识和技能时，培训才能成为有效的解决手段。如果是工作、工作环境和外部环境这三个因素之一影响了绩效，那么投资培训就是浪费时间和金钱。

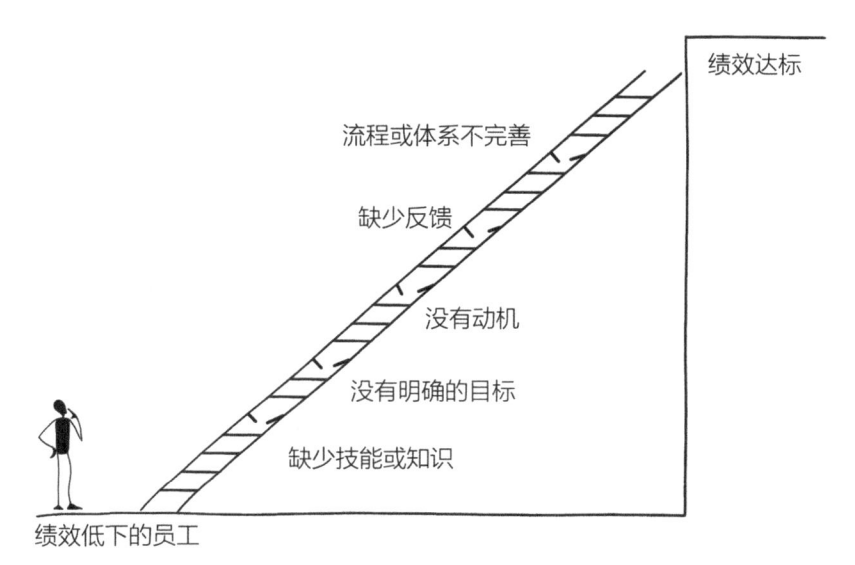

图4-4 除了缺少技能或知识，还有许多其他因素可能导致员工绩效低下，如领导反馈不够或者员工缺乏动力等

（阶梯从下到上标注：缺少技能或知识、没有明确的目标、没有动机、缺少反馈、流程或体系不完善、绩效达标；左下方：绩效低下的员工）

本准则的实际应用

给基层管理者的建议

- 不要认为所有绩效问题都是缺少岗位知识和技能造成的，更不要由此推断培训必定有效。

- 申请培训项目前，请先给自己提个问题：如果我的员工（因生活所迫等原因）必须达到要求的绩效标准，那他们能做到吗？如果能，就表示他们现有的知识和技能已经足够，培训不会有效果。

- 请HR或者组织发展领域的专业人士帮忙识别并消除真正的绩效障碍。

给HR或学习部门管理者的建议

- 在未经绩效需求分析，尚不能确定员工是否欠缺基本技能或知识的情况下，绝不能同意提供培训。
    - 如果你不能肯定解决问题的正确方法是提供培训，此举就可能面临浪费时间和金钱的风险，这会损害你个人以及部门的声望。
- 你本人或者你的某位下属一定要精通绩效分析。
- 请务必牢记，大多数绩效问题都不会只有一个影响因素，一定要设计出综合解决方案，不能只靠提供培训来解决。

给高层管理者的建议

- 像管理其他业务一样管理培训，应在批准培训项目支出前要求提供分析报告。
    - 没有生产分析报告你不会批准购置新机器，没有市场分析报告你不会批准广告活动支出；如果没有证据证明培训是改善员工绩效的正确选择，培训投资可以获得正收益，你就不应该批准这笔支出。

四、用培训弥补差距

如前文所述，绩效的潜在妨碍因素有许多，缺少知识和技能只是其中之一，也是唯一可以利用培训手段解决的。如果绩效的影响因素是另外几个，例如缺少工具或信息、没有动机、流程或体系不完善或者缺少反馈等，培训就不适用了，投在培训上的时间和金钱只能换来

第四章 以绩效为导向的学习设计

学习废品。

> 在许多企业中，有20%～60%或者更大比例的培训投资是被浪费掉的。

废品问题究竟有多大？管理良好的知名企业学习专家估计，在他们所做的培训中，有20%~60%被用于解决培训无法解决的绩效问题，这就意味着培训投资中有20%~60%被浪费了。这种浪费程度将置企业和员工于竞争劣势之中。

为何会出现如此大的浪费？因为许多管理者在面对绩效问题时，既不做绩效分析，也不仔细思考所有可行方案，便想当然地认为培训就是解决手段。而培训主管部门为了讨好业务部门，也不再独立进行分析判断和方案研究，而是直接同意提供培训。无用培训造成的损失不仅仅是时间和金钱上的浪费，当员工意识到培训没有真正解决问题时，他们会痛恨此类培训浪费了自己的时间。如此一来，不但损害了计划内培训在员工中的声誉，还使得领导和学员产生了抵触情绪。那么，以后即使有真正需要的培训项目，其最终效果也会大打折扣。

无用培训的另一种形式就是仅提供泛泛的解决方案，没有具体问题具体分析。典型案例就是，当销售人员没有实现绩效目标时，他们往往会被重复培训基础销售技能，包括开场技巧、问题解决、纠纷处理和成交方法等。而绩效不佳的原因除了可能源于员工的销售技能不足，也可能涉及产品定位、产品质量和价格策略等其他因素，又或者是因为销售人员未能识别潜力最大的潜在客户。对于未事先识别真实需求便开展的通用培训，企业每进行一次都可能无形中增加了一个学习废品。

甚至就算存在真实的知识或技能缺口，也不一定要提供正式培训。有时候，简单的工作辅助就足够了。此外，结构化在岗培训也是更为有效的方法。企业的各级领导都应记住柏罗德和纽斯特罗姆在《培训转化》一书中的建议："培训的设计和实施都价格不菲，它应该是人力资源发展专家和企业为改进员工绩效而考虑采取的最后一步棋，而绝非第一步棋。"

本准则的实际应用

给基层管理者的建议

- 不要自认为培训是解决一切绩效问题的手段。与其要求HR提供培训，不如要求他们帮助你识别问题产生的根源，并帮助你设计效果最好、效率最高的解决方案。

给HR或学习部门管理者的建议

- 请务必牢记，学习废品会损害你的声望并影响你未来的职位晋升。在同意投入时间和金钱开展培训前，应确认有明显的知识或技能缺口存在，而且培训能起到消除缺口的作用，相关流程图参见附录B.5。

- 任何时候都首先考虑培训之外的解决方案。

> 📝 **给高层管理者的建议**

- 像审批其他资源申请一样，重点分析培训申请的提出理由。

    - ☐ 是否已经全面分析过了？
    - ☐ 是否考虑了所有可行方案？
    - ☐ 推荐本方案的理由是否充分？
    - ☐ 若由预期收益反推，此项培训支出是否合理？

五、将培训与企业需求相匹配

这种做法直接源于第三章讨论的学习准则。企业的培训投资若要取得最大成效，应具备：

- 按需开展培训。
- 培训环境尽量接近真实工作场景，使用实际工作设备、问题和案例（贴近实际准则）。可以的话，在岗培训是理想选择。
- 员工学习主动积极，课程留有练习的时间，返岗后可得到有效指导。
- 能准确评估员工的返岗表现。
- 持续的在岗支持和指导。

这些标准虽然显而易见，但企业在制订学习计划时却不常遵守。有时是时间或资源紧张，必须做出取舍，但更常见的只是遵循常规（"我们一直都是这样教的。"）或审查缺乏责任意识（没有负责人追问："为什么要这样教学？""这真的是员工学习技能的最佳方式吗？"）。

无论如何，如果针对不同技能采用适合的教授方法，各个级别的员工都能从中受益。

本准则的实际应用

给基层管理者的建议

- 在指导自己的员工时，一定要向他们展示具体的操作方法，然后给他们尝试的机会，之后再提出问题，帮助他们将关键的经验教训内化。不要只是告诉他们应该怎么做。

给HR或学习部门管理者的建议

- 向课程设计专员和培训团队发起任务挑战，请他们说明培训课程与所教授技能之间的联系，并证明所选培训方法的合理性。

给高层管理者的建议

- 请培训部门负责人做简短的介绍，内容包括培训部门能够提供的培训课程类型，以及各类课程适用于哪种技能的学习。使培训方法与培训目标协调一致。

第五章

以绩效为导向的学习管理

一、将学习作为一个过程来管理

过去的50年里，制造业在生产效率和产品质量方面都取得了非凡的进步，这得益于流程思维和流程优化方法的应用，如全面质量管理、六西格玛质量管理和精益生产等。这些方法统称为精益管理方法，并已被拓展至其他业务领域，同样取得了显著的成果。

然而，令人惊讶的是，培训部门尚未引入这些精益管理方法。鉴于学习的战略价值以及当前许多培训部门的效率问题，培训部门应当采纳这些管理方法。例如，我们曾向全球数百名培训专家提问："在典型的培训项目中，有多少比例的参与者返岗后提高了工作绩效？"他们给出的答案各不相同，但就人际交往技能培训而言，平均大约只有15%。这意味着，根据培训专家自己的估算，此类培训中有高达85%并未达到预期效果。这样的低效部门，对于负责任的企业管理者来说，是不可容忍的。当然，这背后也有培养人才相较于制造产品难度更大、效果更难预测的客观原因。但即便企业当前的培训效果高于行业平均水平，也仍有提升的空间，而提升则意味着企业能够掌握竞争优势。

无论是业务经理、人力资源经理，还是培训专家，都可以将学习视为一个过程来管理，运用精益生产的理念来优化流程、减少浪费，从而提高工作绩效。重要的是要认识到，除了授课和学习转化的质量，培训的效果还受到众多其他因素的影响（见图5-1）。

正如优化制造业的生产过程需要全面考虑并优化影响产品质量的所有因素一样，优化组织中的学习也需要全面审视并优化影响学习结果的所有因素。

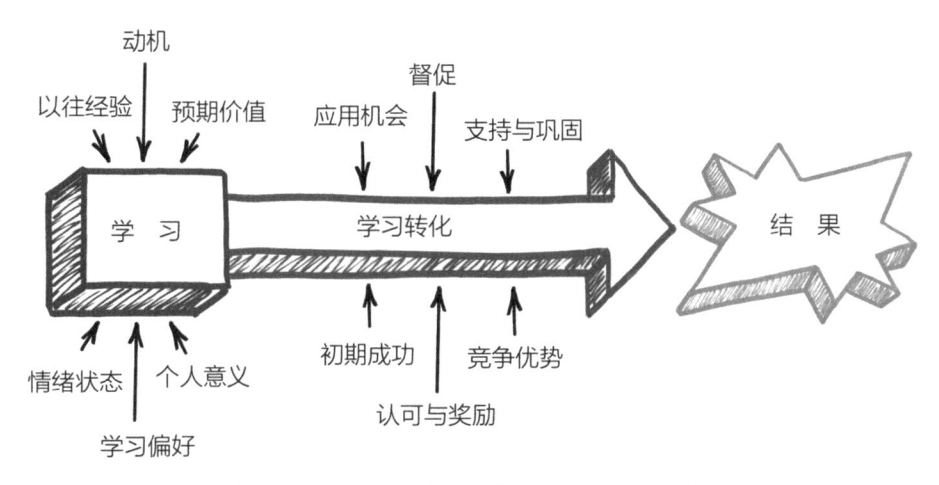

图5-1　培训前、培训中和培训后的许多因素都会影响培训效果

二、让学习转化成为学习过程的一部分

即便已经确认存在知识和技能缺陷，并已备妥了目标明确、设计良好、执行得体的相应培训——但就培训本身而言，仍难以带来有效且长久的改变。为何会如此？因为员工能否将培训内容学以致用——这个过程被称为学习转化——除了受培训质量影响，还存在其他诸多影响因素。例如，绩效管理与激励体系并不因员工学以致用的行为而给予相应奖励，那么培训基本上就是无效的。

本书曾在前文中提到，知识本身在企业中并不创造价值，只有当知识和技能被应用到企业活动中才能创造价值。所以，只有做到以下两点，培训投资才能真正获得收益：

（1）员工必须从学习中掌握新技能。

（2）员工必须在工作中运用新技能。

培训效果的大小应等于学习的知识量与工作中实现有效转化的知识量的乘积，参见下面的公式：

学习的知识量×有效转化的知识量=培训效果

所以，为了得到更好的培训效果，企业不仅要增加培训的学习量，还应加大学习转化的效率（简称学习转化率）。

那么，学习转化率会受哪些因素影响呢？总结起来有以下几个（见图5-2）。

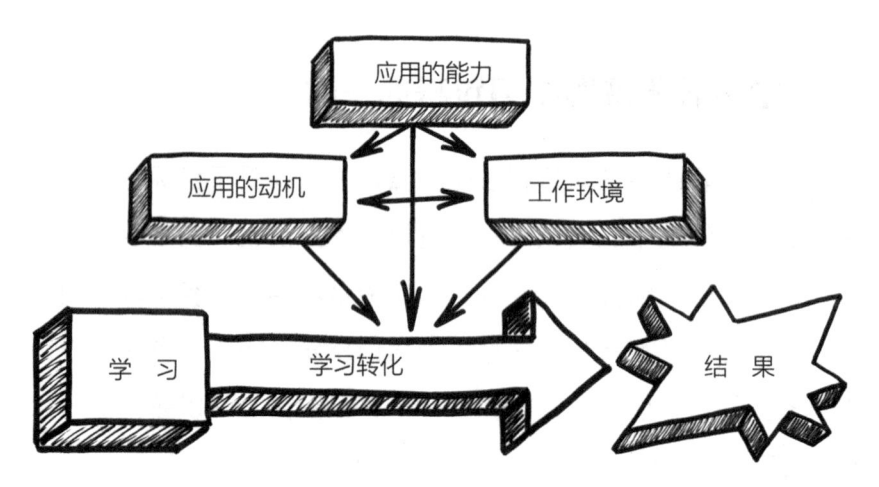

图5-2　培训要有成效就必须包含学习行为和学习转化两个阶段。参训者需要有学以致用的机会、动机和支持

首先，最显而易见的影响因素是员工必须有学以致用的机会。给员工培训用不到的或者领导不允许使用的知识和技能是无用的。而且，员工最好在培训后马上获得运用机会，否则学习内容又会逐渐被

遗忘。最好的学习是准时学习——在即将需要时马上学习。

其次，员工必须有学以致用的动机。他们需要感受到在工作中运用培训所学可能带来的好处，例如，领导嘉奖、收入提高、晋升机会等他们认为有价值的回报方式。

最后，员工的转化和运用行为必须得到来自其工作环境的支持。支持措施包括提供工作辅助、提醒使用新技能、嘉奖学以致用的员工以及直接上级给予鼓励（此项最重要）等。所有的支持措施中，员工直接上级的积极参与是最重要的。这一行为无疑是认定，培训令员工绩效有了立竿见影的变化（见图5-3）。

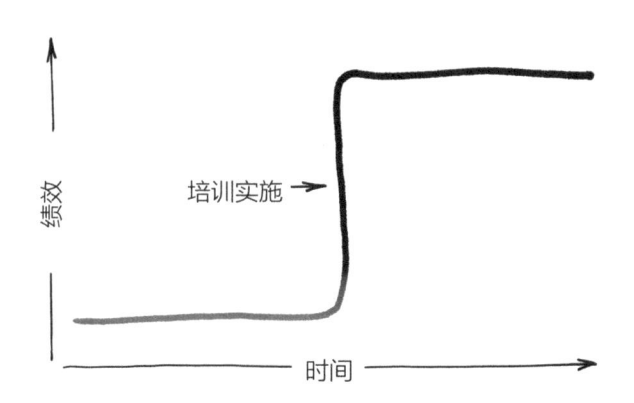

图5-3　组织通常（错误地）假定绩效在培训后会立刻、大幅提升

然而，现实状况却截然不同。培训期间员工绩效开始上升，待其回到工作岗位，面对矛盾的指令和复杂的现实时，绩效又会回落。如果员工在培训后能继续得到上级领导的支持和鼓励，其绩效会再次上升，直至稳定在一个新高度（见图5-4）。

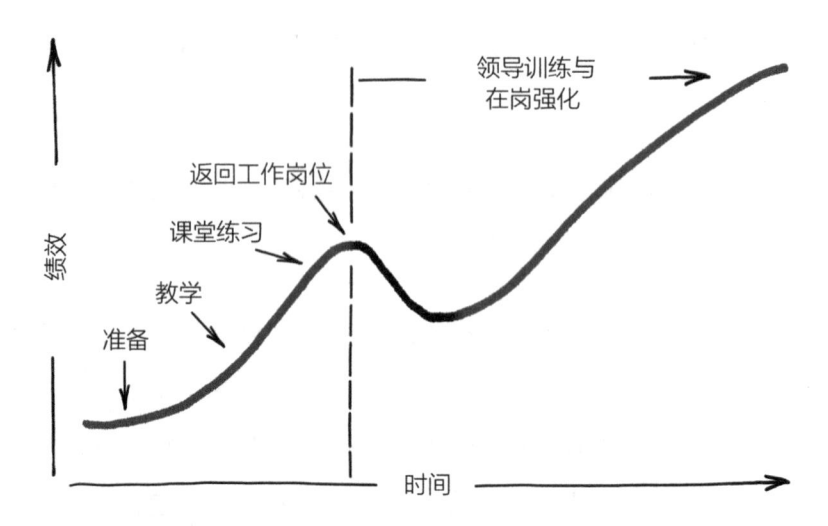

图5-4　员工绩效在培训期间会上升，培训后立刻回落，
若能得到上级领导的持续支持和鼓励，则最终会上升至一个新高度

如果上级领导的支持和鼓励很少或者完全没有，员工则很容易改回旧习惯，绩效也很快回落到培训前的水平（见图5-5）。领导对培训效果的影响很大，正如美国运通公司的总结："直管领导有决定培训项目成败的潜力。"

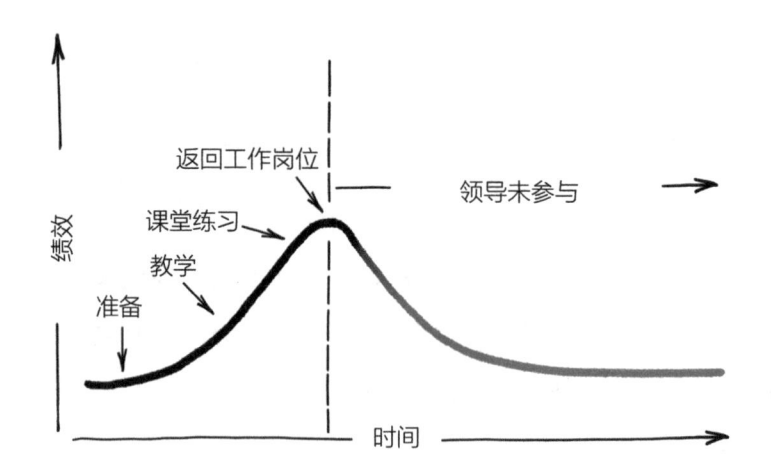

图5-5　若培训后的新技术应用未得到上级领导的积极支持，
员工绩效将很快回落到培训前的水平

近期一项关于各大移动网络运营商的研究进一步证明了直管领导对培训价值的影响。该投资回报率研究旨在量化客服代表培训项目的经济价值。结果显示，培训后所有客服人员的生产率均有所上升，且每投入1元培训费用平均能带来1.03元的收益（投资回报率为3%）。然而，当进一步分析客服代表上级领导参与度的影响时，数据呈现出显著差异（见表5-1）。那些得到上级领导积极强化培训效果的客服代表，其投资回报率高达25%。没有得到学习强化的客服代表，其投资回报率则是-18%。换句话说，如果管理者不积极支持并强化学习效果，培训项目将成为企业和部门的净损失。总而言之，管理者积极强化应用新技能，可以大幅增加部门的学习价值。

表5-1　相同的培训项目，若学员的领导参与培训后支持，则能产生正的投资收益，否则只会造成损失

比较项目	投资回报率=（创造的价值－成本）/成本×100%
所有客服代表的平均投资回报率	+3%
有领导强化学习的投资回报率	+25%
没有领导强化学习的投资回报率	-18%

为了有效实施学习转化的支持工作，基层管理者应做到以下几点：

- 参加相关培训，清楚认识自己对员工学习转化的影响力，并学会如何鼓励员工运用新知识和技能来增加部门价值。

- 弄清培训项目的业务目标以及学员将所学应用于工作的正确方法。

- 熟练地为员工提供反馈和指导。

- 由于刚结束培训的员工还不能熟练运用新技能，应选择短小、简单、具体的工作交给他们练手。最有用的指导，是通过提问促进员工反思并改善绩效。相关案例参见附录A.5和附录A.6。

- 能力不及之处，可以向更高层领导寻求支持。

在目前大多数企业中，学习转化都是培训项目里最薄弱，也最可能产生浪费的环节。这是因为没人对学习转化的过程"负责"。培训主管部门认为自己的职责是提供培训，而其他部门领导则认为，只要将员工送去培训便尽职了。为了从学习中收获竞争优势，业务领导和HR或学习部门管理者必须共同承担学习转化的促进责任。学习管理专业人员应提供促进转化的专项计划和活动。部门领导由于负责员工的日常工作管理，应全程跟进他们的学习转化。若责任分工落实到位，转化率必然提高，最终可促使培训价值增加40%~100%。

直管领导有决定培训项目成败的潜力。

本准则的实际应用

给基层管理者的建议

- 为了实现本部门所参加培训的最大价值，一定要对参训员工进行培训后跟进。询问他们的培训经过以及对运用所学知识的想法，跟进工作的相关案例参见附录A.7。

- 寻找培训后学习转化的证据。对努力应用新知识和技能的员工予以表扬，对不追求改变的员工应给予负面反馈。

📋 **给HR或学习部门管理者的建议**

- 在设计每个学习项目时都应放入学习转化支持计划，相关示例见附录B.4。
- 为基层管理者提供用于支持员工学习转化的信息、技能、建议等。

📋 **给高层管理者的建议**

- 应清楚认识到，如果培训所学不能转化到企业的实际工作中，培训投资便是浪费。
- 要求学习部门领导将学习转化支持计划纳入学习项目中。
- 要求你的下属管理者承担起对下辖员工的学习转化支持工作。

三、减少学习废品

提高收益率有两种方法：增加收入和降低成本。最成功的做法则是既增加收入又降低成本。精益管理的一个关键原则是通过减少浪费来降低成本：避免材料、时间、精力和机会的浪费。具体到制造业，精益管理的目标就是不制造废品（必须丢弃或者重新处理的不合格零件和产品）。著名的质量管理专家爱德华兹·戴明指出："缺陷不是免费的，你在制造缺陷的同时，也将付出相应的代价。"

被浪费的劳动力成本是废品制造成本中最重要的部分，但绝不是唯一的成本（见图5-6）。废品所浪费的还包括材料成本、机器运转成本、资本支出成本以及日常开销等。此外，还有不能计入直接成本、但会影响企业长期盈利能力的无形成本，比如作为可信赖供应商的声誉受到损害。最后，便是机会成本，即员工将生产废品所花费的时间用于从事其他工作能够产生的价值。长期来看，废品的无形成本将超过其直接成本。如前文所述，这正是制造业企业会努力将废品率压缩到无限接近于零的原因。

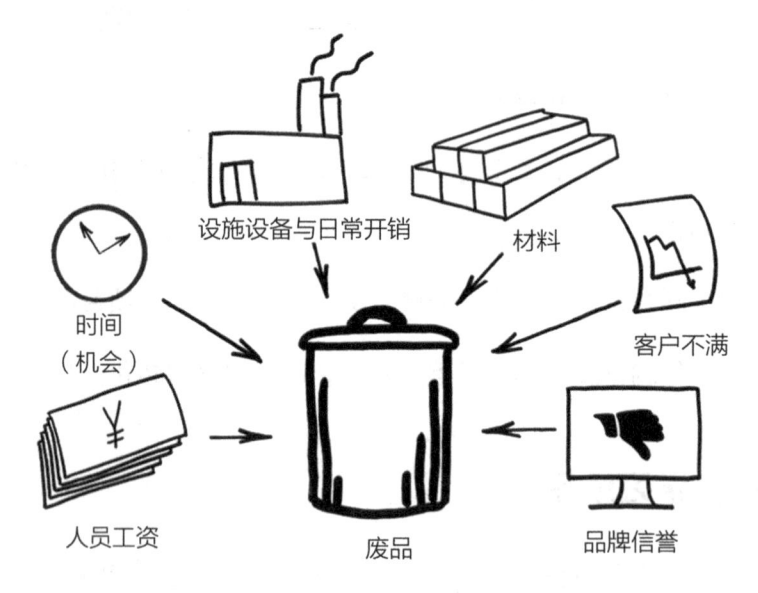

图5-6　制造废品的成本除了被浪费的工资、时间、设备和材料，还包括客户不满和企业声誉受损的代价

　　这些和学习有什么关联呢？那便是学习也会产生学习废品。学习废品是员工参加后不能学以致用提升绩效的培训。学习废品与产品废品一样，会让企业付出高昂的代价，它浪费了学员与培训者的工资以及相关的材料和日常开销，并导致了机会成本。员工的时间若花在培训上就不能另作他用，而他们本可以利用这些时间销售商品、服务客户、生产产品或者完成其他有价值的工作。

第五章　以绩效为导向的学习管理

虽然大多数企业已经敏锐地意识到产生废品的成本，却很少有企业知道学习废品每年将带来多大的浪费和损失。在大型企业中，学习废品的损失可高达数百万元。无论你是高层管理者、基层员工还是中间各层级的管理者，都应该关注学习废品给企业造成的成本。这是为何？如果你是高层、中层或者基层管理者，你要为你所管理单元的整体绩效负责。你不可能在浪费资源（尤其是人力资源）的同时还保持着竞争力。如果你是一般员工，你的时间也是很宝贵的，不能浪费在学习毫无用处（或者更糟，学习本该有用但没能用上）的知识和技能上。

企业不可能在浪费资源（尤其是人力资源）的同时还保持着竞争力。

产生学习废品的原因是什么？生产制造业废品的潜在原因有许多，产生学习废品的潜在原因也不少（见图5-7），以下是最主要的四个原因：

- 无用的培训：本是培训解决不了的问题，却试图利用培训来解决。
- 错用的培训：培训对象错误，或者对象正确但时间错误。
- 培训执行不力：培训设计有缺陷或者实施过程有问题。
- 缺少培训后跟进：对学习转化的支持不够，责任分工不明晰。

下文将逐一讨论这四个根本原因，以及分析如何将其成本降至最低。

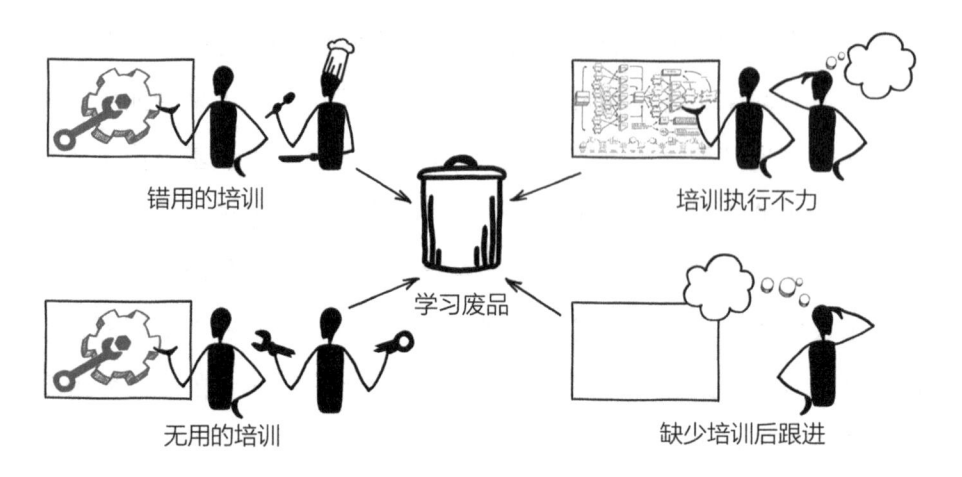

图5-7 学习废品的四个主要成因

1. 无用的培训

上文已经探讨过无用的培训，即那些试图通过培训解决与知识或技能不足无关的绩效问题的做法（见第四章）。这种被称为学习废品的现象，源于对绩效问题分析的不足。为了解决这一问题，我们应当坚持在未经过分析并确认问题的根源确实在于员工知识或技能不足的情况下，不轻易开展任何培训。

2. 错用的培训

学习废品的第二大成因是错用的培训，包括培训对象、时间或者内容有误。给学员培训用不上的知识和技能显然是在浪费时间。然而，此类培训却经常出现，确实令人吃惊。近期，我们曾与一位就职工程公司（该公司非常重视安全生产）的HR部门经理合作。由于脚手架操作安全是该公司全方位安全管理的重点之一，所以尽管培训内容至今与这位HR部门经理毫不相干，并且她此后也不可能做有关的工作，公司还是要求她参加了为期一小时的培训。

第五章　以绩效为导向的学习管理

一小时看起来并不起眼，这可能就是企业轻易决定实施全员培训的原因。但是，如果把参加培训的每位员工的一小时都累加起来，投入就变得相当大了。该公司有大概10 000名员工，其中只有（最多）2 000人曾经接触或使用过脚手架，这就意味着约有8 000人的一小时被投入到学习完全用不到（或者因使用太少已经忘掉）的知识和技能上。员工的全年工作时间通常为每人2 000~2 500小时，按此数据计算，将有3.5~4名员工的全年工作时间被投入到了无用的培训上，这就相当于企业聘用了4名员工全年专职学习无用信息。显然，没有企业愿意这样做，但许多企业尚未意识到，这就是安排全体员工参加非全员适用培训项目的真实效果。

不要浪费时间培训不在员工工作范畴的内容。

让熟练工或者有胜任能力的员工跟新手参加相同的基础培训，这同样也是浪费时间和金钱。然而此类全员培训却经常发生，尽管其中只有一部分人员缺乏必备的知识和技能。此现象在销售培训中较为常见。当销售业绩未达标时，企业常常会要求整个销售队伍参加培训，即使许多销售人员的业绩已经非常好了。让所有销售人员都参加培训比逐个识别应参加培训人员省事，却是一种浪费，因为它将合格的销售人员抽离岗位，耗费了他们本该用来拨打销售电话的时间。同样，如果团队绩效不佳，即使真正存在问题的只是其中一两名员工，而且团队领导不愿意使用适当方法单独处理，全体团队成员还是常常会被要求一起参加团队效能培训。

即便培训本身是适当的、满足工作需要的，但如果培训时间不对（太早或者太迟），也可能沦为学习废品。在讨论间隔学习法时，我们介绍过遗忘曲线。学到的东西如果既不实际运用，又不复习回顾，就会遗忘大半，这一点大家应该都有所体会。只要回想一下学生时代学习过的课程，就可以证明这个观点的正确性。虽然你当时记住了不少课程内容并成功通过考试，但除非这些知识至今还在使用，否则若现在重做一次同样的考题，可能就不及格了。最好的学习是准时学习，也就是在即将需要和使用时马上学习。所以开展脚手架安全操作培训最好的时机应该是，有员工马上要架设脚手架或者在脚手架上作业的时候。新员工培训的缺点，除了前文提到的总是试图在短时间内向新员工灌输过多信息（见第三章中的"认知负荷"），另一个就是，培训内容常常涵盖新员工在接下来几周或几个月内都不会遇到的情况。当新员工真正需要应用相关知识时，他们可能不太记得相关培训内容了。

最好的学习是准时学习——在即将需要时马上学习。

反过来，培训有时候又会太迟。这种情况常常出现在新晋管理者的领导力培训中。由于一年中随时都可能有人员晋升，但培训课程只是定期开设，因此当某些管理者最终得以参加培训时，他们可能已经在新岗位工作了几周甚至几个月。此时，他们可能已经出现了一些本可以避免的重大失误。哈佛商学院的迈克尔·沃特金斯曾指出，升职后的前90天是至关重要的时期。为了提供竞争优势，领导力培训应在培训对象即将步入新岗位时立刻开始，并在整个过渡期持续开展（间隔学习法），将他们在新岗位上可能遇到的新课题都纳入进来。

本准则的实际应用

给基层管理者的建议

- 当你的整个团队被要求参加只有部分人员适用的培训时，应予以回绝。

- 同样，你本人提出培训申请时也应有选择性，如果只需要对少数几个缺乏知识和技能的人员进行培训，就不要赔上团队全体成员的宝贵时间。

给HR或学习部门管理者的建议

- 在确定参训人员时，应比业务部门更挑剔。请务必牢记，你的工作应该是优化绩效，而不是最大化培训人数。

- 摸索开展准时培训的可行方法，以保证员工在即将用到技能时，能马上学习和更新。将培训项目中适合自学的部分放到网上。

- 鼓励业务领导和你的下属在选择参训人员时尽量挑剔一些，只让有技能改进需求并能够学以致用的员工参加培训。

给高级管理者的建议

- 请务必警惕善意培训的错用。对于安全培训、团队培训等出发点很好的学习项目，我们虽无可厚非，但也应考虑其错用时延伸出来的成本。哪怕只是让全体人员参加一个时间很短的非全员适用培训，也请好好考虑。

- 要求HR或学习部门管理者思考增强培训灵活性的方法，尽可能使培训时间紧邻运用时间。

3. 培训执行不力

学习废品的第三个成因是培训本身因为计划、设计或教学不力而存在缺陷。计划不力包括没有清楚说明培训的业务目标和绩效差距的真实成因。设计不力的培训则是不能完全满足前文所述的成人学习准则，其最普遍的错误是试图在短时间内灌输过多的理论知识，却没有安排足够的练习。教学不力，其根本原因常常源于培训部门在教学设计方面的专业知识不足。众多培训部门选择从销售部、市场部或其他业务部门选拔讲师。这种做法有其优势，因为这些讲师能够将各自岗位上的经验、专业知识和独特见解融入教学中。然而，其弊端也显而易见，即这些讲师往往缺乏教学设计方面的专业知识，他们在教学时常常倾向于采用自己习惯的教学方式——这往往是他们在大学学习期间形成的教学法，而这种教学方式对于企业培训来说并不完全适用。

最普遍的错误是试图在短时间内灌输过多的理论知识。

设计不力常常会被认为缺少时间或资源，抑或是二者都缺。相比设计有意义的练习、模拟和其他体验性学习机会，组合一些讲座自然速度更快，费用更低。于是，许多培训项目最终就成了系列讲座课，即使这不是教授工作相关技能的有效途径。与之类似，许多在线学习项目也只能算作是"电子翻页器"，几乎找不到本应有的现实互动或深度思考。

教学不力往往是因为讲课人接受的培训不足，因为即便是学科专家也不一定能教好自己所擅长的学科，他们还需要掌握有效引导员工专注于学习的方法。哪怕是专职讲师，也有可能在教学设计与促进技巧方面缺乏足够的训练和指导。电子工业出版社出版的《培训师的三堂必修课》是一本非常适合新入行讲师的启蒙书籍。

导致培训执行不力的最后一个原因是过分痴迷新兴的培训时尚和技术。倡导游戏化学习的主流思想家之一卡尔·卡普曾警告说："某个事物有趣或娱乐性强并不意味着它自然就是合适的，甚至自然就能带动学习。"技术也是如此，在线学习被认为是企业培训的革命性变革。事实上，许多在线学习项目只是在枯燥地复述事实，剩下的则是用无数抽象信息直接压垮使用者（认知负荷），如此将削弱而非加强学习。无论如何，能够促进学习的培训技术都是可以使用的，但一定要有选择性。

本准则的实际应用

给基层管理者的建议

- 无论你本人参加什么培训，都应确认是否完成了培训后的全部调查或反馈。

  - 如果培训做得好，很实用，请告知培训主管部门。

  - 如果培训无用或与你的工作无关，那么将实际情况告知培训主管部门就尤其重要了。

  - 提供实事求是的反馈和改进建议。

□ 告诉你的主管领导，你感觉这个培训在浪费时间。

- 同样，下属参加培训后要检查他们的培训效果：他们认为花时间参加培训是否值得？他们认为培训是否实用，能否应用到工作中？

    □ 将员工的感受反馈给培训主管部门，以支持项目的持续改进。在大多数情况下，管理者可能因为担忧破坏现状或者认为自己的意见无足轻重，会在听到培训执行不力的负面反馈时选择沉默。这种缺少建设性的反馈意见，正是导致培训改进速度滞后于其他职能模块改进速度的原因之一。

给HR或学习部门管理者的建议

- 确保培训师在教学设计和引导学习方面训练有素，并掌握行业最新知识或技能。

- 建立质量控制系统，跟踪和衡量培训效果。积极寻求学员及其上级领导实事求是的反馈意见并酌情采纳。

- 抵制追求学习领域最新流行时尚的诱惑。你应该以开放的心态接受新的学习方法和技术，但请务必牢记，大多数新兴事物都没有它们最初鼓吹得那么好。

给高层管理者的建议

- 要求你的直接下属对企业的培训和其他学习机会做出实事求是的评估。

    □ 是否满足他们以及下属的培训需求？

□ 他们是否认为参加培训是对时间和资源的有效利用？

□ 本次培训与他们参加过的其他培训相比效果如何？

- 着手解决你发现的每一个问题。

4. 缺少培训后跟进

迄今为止，学习废品最大的成因是缺少培训后跟进。通过设定更适合的学习目标以及提高教学质量，可以改进学习行为本身；若要提高学习的投资收益，最有效的方法只能是加强培训后的学习转化。

> 培训废品的最大成因是缺少培训后跟进。

国际级的员工发展专家杰克·曾格曾说过："无论是外行还是专家，若被问及目前的学习与发展流程中哪一个环节存在缺陷，大多数人都会告诉你，应是缺少了重要的培训后跟进。"这是为何？因为学习与发展专家认为教学结束后自己的工作便完成了，学员认为上完培训课自己的任务就完成了，领导则认为自己要做的只是同意员工参加培训。没人觉得培训后跟进是自己的工作，而且大家都太忙，抽不出时间。

学员和他们的领导都急于进入下一项工作，因此也都不约而同地忽略了磨炼新技能、培养高效率工作习惯所必需的练习环节（见图5-8）。然而，如果不将时间和精力投入培训后的跟进环节只会得不偿失，因为这将导致已经形成的投资价值付诸东流。

图5-8　培训后跟进环节未投入足够的时间和精力是产生学习废品的主要原因

缺少培训后跟进会造成多大的问题？各类调查评估显示，若无足够的培训后跟进和转化，40%~85%的培训潜在价值会被浪费。制药业巨头辉瑞公司的一项研究表明，在不改变课程内容或授课方式的情况下，后续跟进可将领导力培训的价值提高40%以上。威尔逊全球学习公司的研究表明，"如果利用所有的学习转化方法，学习效率可提高186%"。这些研究结果表明，通过落实学习转化（以此获取学习总价值的更大比例）大幅提高企业效率的第一家企业，将享有非常可观的竞争优势。

本准则的实际应用

给基层管理者的建议

- 请务必牢记，如果你无法强化学习成果并让员工承担应用新技能的责任，就将损害整个团队的绩效，也会影响你个人的升职机会。

- 养成对培训后的员工实时跟进的习惯。如果你不清楚培训内容，或者不知道提供哪种支持效果最好，效率最高，请向培训主管部门求助。

📋 给HR或学习部门管理者的建议

- 以制度形式做出规定，不论是内部开发还是对外购买培训项目，每次设计时都应加入培训后的员工跟进环节，用以提高培训的投资收益率。

- 通过询问员工其领导是否支持学以致用，来评估培训计划（特别是领导对学员的培训后训练）的落实程度。

📋 给高级管理者的建议

- 请务必意识到，缺少领导跟进的培训极容易成为企业的学习废品。在大型企业中，此项损失每年可高达数百万元。

- 要求HR或学习部门管理者开发专项系统，跟踪和报告员工获得的培训后支持情况。

四、坚持持续改进

为了实现学习价值，学习各环节都必须追求卓越，包括：设定好目标，做好计划，有效执行，有效应用于工作。作为竞争优势的来源之一，你实施的学习必须比竞争对手效果更好，效率更高。而且，和其他业务流程一样，若你的竞争对手改进了，你也必须改进自己，迎头赶上。换言之，正如本书开篇所讲：逆水行舟，不进则退。流程改进至关重要。实际上，按照质量管理专家特纳和德托罗所言，现在"竞争不是发生在人与人、产品与产品或者企业与企业之间，而是发生在流程之间"。企业如果拥有高价值、高可靠性、低成本的产品生产流程，就会成为赢家。学习流程亦是如此。企业领导应该要求像改进生产、销售和操作流程一样持续改进学习与发展流程。

若竞争对手改进了，你也必须改进。

实施流程改进前，必须先问一个问题："我们要努力完成什么？"具体到学习与发展，企业需要完成以下四项主要任务：

1. 使新员工以最快速度胜任岗位并能熟练操作。

2. 改进在岗员工绩效（如工作的效果、效率、质量或安全）。

3. 培训员工，使其适应不断变化的业务条件和技术，并为未来的变化做好准备。

4. 当企业扩大规模、岗位现有人员离职或退休时，保证有足够的储备人才可承担岗位工作并履行相关职责。

因此，学习质量的三个关键考核指标是：

- 新员工满足岗位工作要求所需的时长。
- 在岗员工完成培训后绩效的改进程度。
- 已从现有人员中培养出"准备就绪"的储备人才的岗位占全部岗位的百分比。

HR或学习主管部门应有自己的关键考核指标，对这些指标进行考核、跟踪和设置都应该以实现持续改进为目的。因此，新员工培训的考核指标应该是，新员工满足岗位工作要求所需的时长。只有在保证新员工绩效质量的同时，减少其胜任岗位所需时间（成本），新员工培训流程的改变才能被认定为改进。同样，只有以比目前更低的成本或更短的时间实现员工工作绩效的后续改善，或者以目前的成本、时间获得更多的绩效改善，这样的在岗员工培训才能称为改进。

精益管理的一个核心理念是，流程必须经过绘制和标准化后，方能实施改进。如果每个员工或部门执行的流程都不尽相同，或者每个工作周期所采用的流程都千差万别，流程改进便无从谈起。若流程缺乏一致性，就无法确定在各类影响因素中，哪些会促成成功，哪些会导致失败。所以，流程改进的前几个步骤之一是绘制现有流程，包括所有的变量、返工循环和无效因素，然后选定其中一种流程路径开始改进。不用过分担心你最初标准化处理的流程路径是否绝对最好，经过几轮改进后，它定会很快成为最好的。

流程必须经过绘制和标准化后，方能实施改进。

计划内学习绩效改进全流程如图5-9所示。

一旦完成流程标准化，接下来的问题就变成："我们要做哪些改变，才能实现我们想要的改进？"换句话说，我们认为目前流程中（在效果或效率方面）最薄弱的一步是什么，以及哪些措施可以使其得以强化。改进的方法可以来自任何地方，例如，在对竞争企业做标杆分析时，审核相关研究时，参加专业培训或会议时，如此种种。流程改进的一个关键点是，识别改进机会不只是领导的责任，更应该是每个员工的责任。实际上,最好的改进方法往往来自从事日常工作的员工。

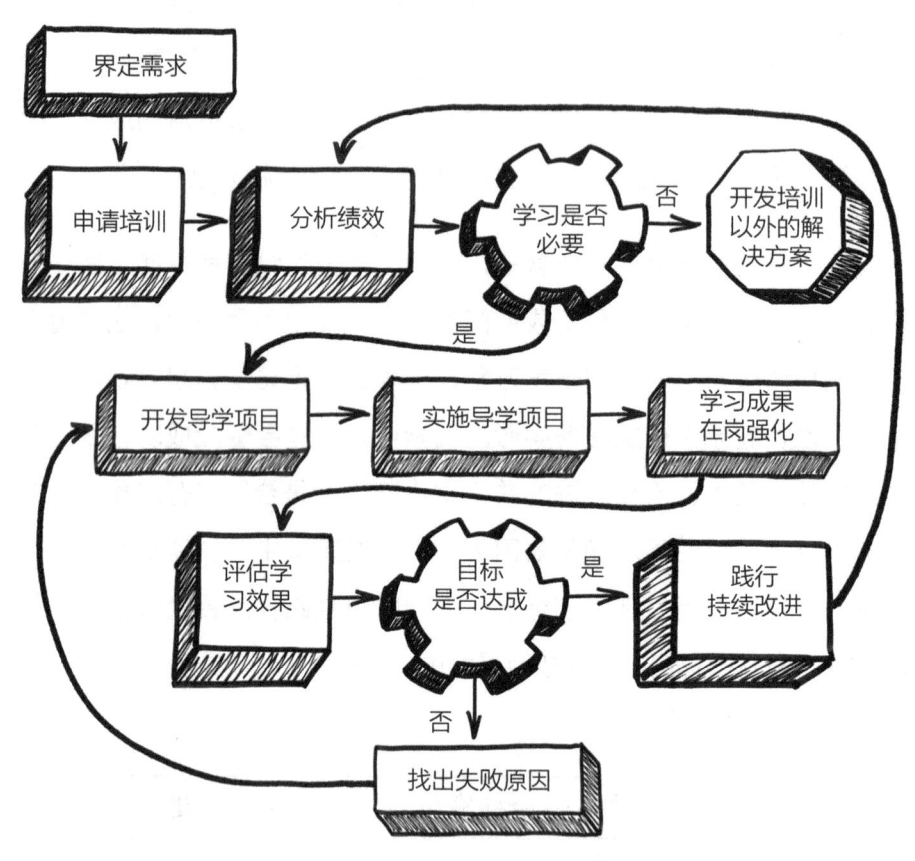

图5-9 计划内学习绩效改进全流程

企业的每个流程都有三个组成部分:输入、运营和输出(见图5-10)。任何流程的输出结果,都是由输入物的质量和子流程的效果及效率决定的。因此,整个流程中的每一步都可以有改进机会。具体到学习与发展,改进可以发生在这些方面:

- 参训员工的选择和准备。

- 培训需求评估。

- 学习时间的安排。
- 教学方法。
- 课程学习内容的质量。
- 学员主管领导的参与和支持。

图5-10　企业的每个流程都包括输入、运营和输出

改进流程各要素的方法应进行汇总、评估和排序。首先尝试最容易推行并可获得较大预期回报的改变。这在流程改进领域有一个专业术语，叫作"矮树枝上的水果"。务必将每次的改变控制在一到两个，如果同一时间的改变太多，反而无法区分哪些变化有效，哪些变化无效。

我们建议使用戴明PDCA循环模型指导和评估改进工作。PDCA是模型四个步骤的英文首字母的组合（见图5-11）。这四个步骤分别是：

- 计划（plan）。
- 执行（do）。
- 检查（study）。
- 调整（act）。

为了实现改进，我们应实施怎样的改变？　　我们要努力完成什么？

计划 → 执行 → 检查 → 调整

我们将改变认定为改进的标准和方法是什么？

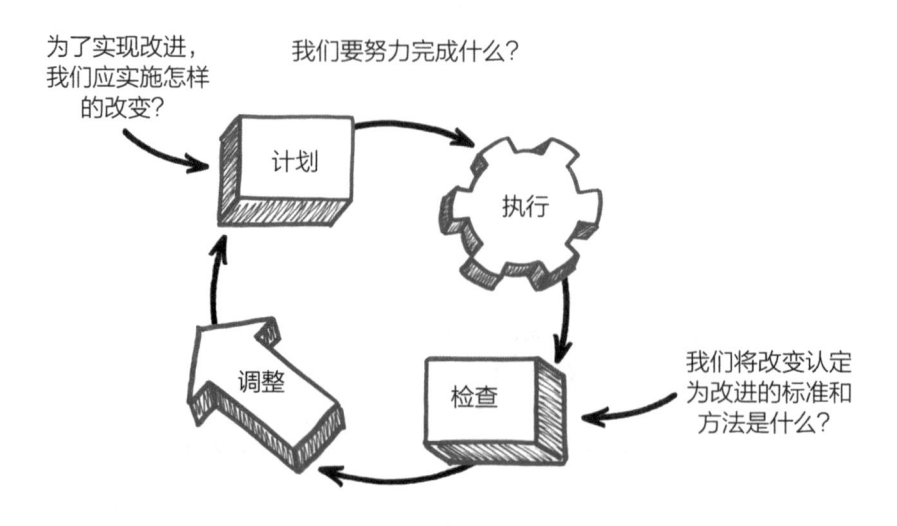

图5-11　流程改进模型的关键要素

检查这一步至关重要。在改变流程前，应事先在计划中写入将改变认定为改进的标准。你需要哪些考核指标来评估改变产生的结果是有利的、无效的，还是不利的？

一旦选定评估标准，下一个步骤就是实施（执行）改变。完成流程改变后，必须评估（检查）结果并将其与原流程进行比较。最后一步是根据评估结果进行调整。若结果是有利的，这个改变就应被纳入标准流程中正式执行；若结果无效，或者比不上原流程的效果，那么应开始下一个循环，换一种流程路径重新进行计划、执行和检查。无论改变是否实现了流程改进，PDCA 循环都应该一遍一遍地重复以不断寻求更多的改进机会。戴明相信，企业若想成功，就必须"长期且持续地改进生产和服务体系"。

需要重点关注的是，改进需要依靠"检查"这个步骤，也就是要对结果进行有效考核和严格分析。伟大的管理学大师彼得·德鲁克曾说："有考核才会有改进。"应制定可靠的产出考核指标来确定流程改变是有利的、不利的还是无相关性的（无效的）。

> *有考核才会有改进。*

遗憾的是，流程改进准则很少被应用于培训与发展。其结果是，企业的学习改进远远落后于其他职能。无可否认，员工培养效果永远不会像生产无生命的零件或产品一样可预测，每个人的过往经历、学习能力和动机等都相去甚远。尽管如此，许多企业的实践还是证明了，将流程思维应用到培训与发展职能中可以增加计划内学习的价值并降低其成本，从而创造竞争优势。

本准则的实际应用

📝 给基层管理者的建议

- 加强你在学习流程中发挥的作用，使其更有效、高效。

    ☐ 在促进员工实际应用工作技能和知识上，你发挥了多大的作用？

    ☐ 你是否鼓励员工抓住工作中的一切学习机会反思和学习？

    ☐ 企业培训项目结束后，你对相关绩效改进的评价是否足够认真中肯，可以用作考核培训效果的有效反馈？

📋 给HR或学习部门管理者的建议

- 如果尚未对学习与发展实施端到端流程管理，那现在应该使用PDCA循环进行改进：寻找改进机会—实施流程改变—评估改变效果—进行相应调整。如此循环往复。

- 利用正式培训或者与其他部门（如生产部门等）知识渊博的同事合作的机会，加强个人在流程管控和改进方面的知识与技能。

- 将员工学习新岗位胜任能力，或者改进现岗位工作绩效的完整流程绘制出来，并寻找机会简化或强化这一流程。

📋 给高层管理者的建议

- 坚持对企业的学习与发展实施流程管理，逐年提高它的效果和效率。

- 如果你的学习主管领导还不具备精益管理能力（很可能如此），请为其配备制造或操作方面的流程管理专家，协助开发有效的评估与管控体系。

五、高标准要求

各级管理者均负有合理使用企业资源（包括财政资源和人力资源）的信义义务。他们应致力于最大化股东回报，并同时投资于有助于企业长远发展的项目。这种投资理念不仅适用于设备、研发、营销等领域，也适用于学习投资。作为培训部门的"客户"，业务部门管理者理应对其提出更高的要求。

第五章　以绩效为导向的学习管理

1. 以统一标准衡量学习部门

从历史角度看，培训部门与市场、制造或销售等其他业务/职能部门的评估标准存在显著差异。学习部门的计划、预算、建议及成果往往未能受到与其他部门相同的严格审查。即使按照其他部门的标准衡量显得不够充分的建议和报告，也常被轻易"放行"，很少进行深入的讨论或批判性评估。由于缺乏与业务部门管理者同等水平的批评性反馈和指导，学习部门的发展速度和全面性均受到一定限制。

人力资源或学习部门应以卓越的高标准来要求自己。

企业领导者应要求人力资源或学习部门提供比当前多数企业更为严格的问责制、更具实际意义的考核标准以及更出色的工作报告。鉴于人力资本对企业市场价值和长远发展的关键作用，投资者需要更多关于企业员工情况的信息，这些信息应作为企业财务信息的补充，用以指导投资决策。国际标准化组织已制定内部和外部的人力资本报告标准，旨在使人力资本对组织的贡献更加透明，并促进人力资本的可持续发展。

鉴于学习在企业招聘、留住和提升人力资本方面的重要性，培训部门应由企业中最优秀、最具潜力的员工组成。然而，遗憾的是，这种情况并不普遍，这确实是一个严重的失误。当学习部门由能力相对较弱的人领导时，该部门的工作表现往往不尽如人意，这进一步加深了其作为低价值部门的印象。

先进的企业认识到，对于未来的领导者而言，在学习部门工作是一段宝贵的发展经历。这是因为优秀的管理者同时也应是出色的老师。在管理有序的学习部门中工作，能够为未来的领导者培养宝贵的洞察力和管理技能。此外，安排培训人员在部门内外进行轮换，有助于避免部门业绩陷入停滞，因为新成员的加入会带来新颖的想法，并为业务部门提供独特的视角。但这一过程必须谨慎管理。若职位轮换过于频繁，学习部门的工作将缺乏连续性，导致员工经验参差不齐；若新人过多，他们可能因缺乏通过长期钻研而获得的专业知识，从而影响培训工作的质量。理想的做法是，学习部门由经验丰富的专职培训人员与一批轮岗的高潜力管理者共同组成。部门各项任务的周期必须足够长，以确保任职者能够从中积累足够的经验，为部门绩效做出贡献。

学习部门的管理者应当像经营企业一样管理部门业务。换言之，他们应像业务部门的管理者一样，为推出的预算和计划提供合理的业务案例，确保预期结果与战略优先事项相符。同样，他们也应根据业绩接受评判和奖励。

2. 以结果为导向

对结果进行有意义的考核至关重要，因为这能促使部门努力取得卓越成果并支持持续改进。在许多业务领域，考核标准相对简单明了，如产品销售量、生产成本、客户满意度等。然而，学习部门一直认为培训效果的考核难度较大，且难以与其他影响绩效的因素进行区分。尽管这确实是事实，但并不意味着培训无须证明其价值，特别是考虑到其成本和战略上的重要性。企业管理者需要有关培训效果的数据，以便做出明智的决策，确定在培训方面的资金投入，以及决定应扩大还是取消哪些培训项目。简而言之，没有考核就无法进行有效管理。

> 无考核，不管理。

然而，并非所有考核标准在管理决策中都具有同等的重要性。当前，多数学习部门会考核并报告培训人数、线上课程开发量、完成课程数量等数据。尽管这些数据对管理运营有所帮助，但它们本身并不足以全面评估学习部门的效能，也不能为未来的投资提供充分依据。为何如此？因为仅仅依据培训活动的数量来考核，就像仅考核和奖励销售电话的拨打数量而非销售额，或仅关注生产作业时间而忽视所生产产品的数量和质量一样，无法全面反映实际效果。

工作效率才是真正关键的，且最需要被考核和奖励。例如：

- 最优秀的销售人员通过最少的销售电话实现了最高的销售额。
- 最具竞争力的制造商以最低的成本生产出了最多的产品。
- 最好的运动员是得分最多的，而不仅仅是投篮次数最多的。

因此，最具竞争力的学习部门应该是通过最少的课程数量或课时实现业务目标的学习部门。若仅对活动数量进行跟踪和奖励，那么将鼓励表面工作，并可能导致低效。企业要评估培训效果，而非评估培训活动的数量。

企业要评估培训效果，而非评估培训活动的数量。

同样，仅仅依赖学员的满意度考核也是不够的。许多培训部门会收集学员的满意度评分，并据此报告参训员工的工作影响力和成果。然而，这并不完全准确。大量研究表明，学员对培训的直接反应与其在提高工作表现方面的有效性并无关联。愉快的课程未必带来实际效果。一方面，许多外部因素（如管理者的支持）可能影响学习转化（见图5-2），另一方面，最有价值的学习经历有时确实可能是艰苦或不愉快的。

要对学习投资进行有意义的评估，必须关注员工培训后与培训前相比的工作变化，而非仅仅关注培训结束时的记忆性知识储备或对培训的满意度（见图5-12）。当然，对工作绩效的评估实际上是对从学习到取得成果整个过程的全面考量，这包括所有有助于（或有损于）提升工作绩效的因素。

以结果为导向的学习

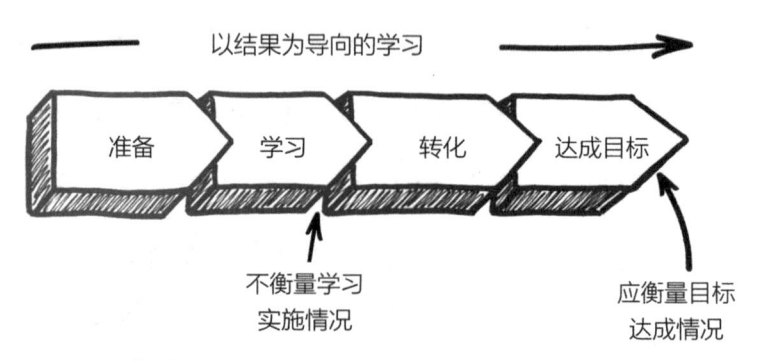

准备 → 学习 → 转化 → 达成目标

不衡量学习实施情况　　应衡量目标达成情况

图5-12　要对学习投资进行有意义的评估，就必须对培训前后的工作绩效进行评估，而不是评估培训后的记忆性知识储备或对培训的满意度

那么，企业管理者如何证明培训达到了预期效果呢？首要的判断

标准就是行为的改变。这是因为培训的基本原理在于，有效的学习能够引导出更为有效和高效的行为。正是这些行为的改变带来了工作和业绩的改善。行为的改变必须首先发生。正如爱因斯坦所说，"疯狂的定义之一就是重复做同样的事情，却期望得到不同的结果"。

因此，员工工作方式的转变正是培训和管理部门支持产生预期效果的直接体现。行为的改变是先导指标，随后必然会有工作业绩的改善。因此，学习部门在实施与目标计划关系图中确定的及与预期行为相符的计划内学习活动后，应至少能够展现出行为上的积极变化。

如果未能观察到员工在培训后有行为上的改善，那么工作业绩的任何变化都不能简单归因于培训。学习部门必须深入探索失败的根本原因，并依据PDCA循环，制订和实施新的改进计划。请注意，问题可能出现在整个过程中的任何环节——从对问题的错误判断到培训效果欠佳，或者（最常见的是）对培训内容应用的支持不够。不要轻易断定培训本身无效。

本准则的实际应用

给基层管理者的建议

- 做一个苛刻的客户。请记住，你正在直接或间接地为培训付费。如果一家餐馆的饭菜不好吃，你就不会再去光顾；如果培训对你或你的下属毫无帮助，你也不应该继续为培训买单。

- 如果培训不能满足你所在部门的需求，请与学习部门管理者开会讨论。如果仍未取得所需的结果，请向你的领导寻求帮助。

给HR或学习部门管理者的建议

- 像管理企业一样管理培训。也就是说，效仿其他业务部门的管理做法，尤其是在制订计划、考核和交流培训效果方面。

- 要求员工对待工作精益求精；招聘优秀的员工；从销售、市场、生产和其他部门引进人才，为学习部门提供新的工作视角。

- 为部门内员工能力的提升投资。很多时候，培训人员就像鞋匠的孩子没有鞋穿：他们自己很少在本专业上得到提升与发展。

给高层管理者的建议

- 像管理其他战略性业务部门一样管理学习部门。

    - 配备最优秀的员工。

    - 如果员工取得了优异的成绩，要表彰并奖励。

    - 解雇能力不足或效率低下的管理者。

    - 以对待业务计划同样的严谨态度审查培训建议、计划和报告。

    - 让员工对学习效果负责。

- 向学习部门管理者提供与其他重要管理岗位相同的关注和批评反馈。

第六章

学习需要团队合作

本书自开篇以来，始终在强调，学习速度越快，学习效果越好，企业就越能拥有市场优势。学习可以帮助个人胜任新岗位，适应新的工作要求；可以帮助企业适应多变的市场环境，开发新产品，改进工作绩效。荷兰皇家壳牌石油公司战略规划负责人阿里·德赫斯在《长寿公司》一书中写道："比竞争对手学得更快的能力，可能是21世纪企业唯一可持续的竞争优势。"

创建高效的学习文化需要团队合作，也就是需要业务领导与HR或学习部门管理者在整个学习流程（从构思、计划、执行到评估）中紧密合作、协助和联盟。任何一方都无法单独完成这项任务，联盟至关重要。培训行业公司（Training Industry, Inc.）认为"战略联盟"是最重要的单项因素，远比培训课程开发和讲授更重要。

若要成功，业务目标与学习目标的联合至关重要。

业务领导与HR的联盟对于增进学习效果尤为重要，因为结盟双方会带来各自独到的见解、观点和技能。业务领导懂业务，知道最重要的业务目标以及实现目标应采取的行为。他们可以敏锐地察觉到本企业与竞争对手在现阶段的业绩差距，并对企业的实际表现负有最终的责任。而且，业务领导负责管理员工的日常工作，包括规定工作重点和激励机制，决定哪些行为可以获得表扬，哪些行为可以得到嘉奖等。因此，员工的直接上级对新技能和知识的实际应用具有潜在的影响力。

学习部门与HR专家可以贡献执行力。他们在保证学习质量以及提供绩效分析、课程设计、岗位要求和员工激励等方面有非常深厚的专业知识和技能。他们的洞察力对于正确诊断绩效差距的成因和设计有效的解决方案都至关重要。

若业务领导与HR或学习部门管理者建立了良好的合作关系，便可共同参与"结果导向型"学习流程的所有环节。双方在流程不同阶段贡献的力量会有所差别（见图6-1）。

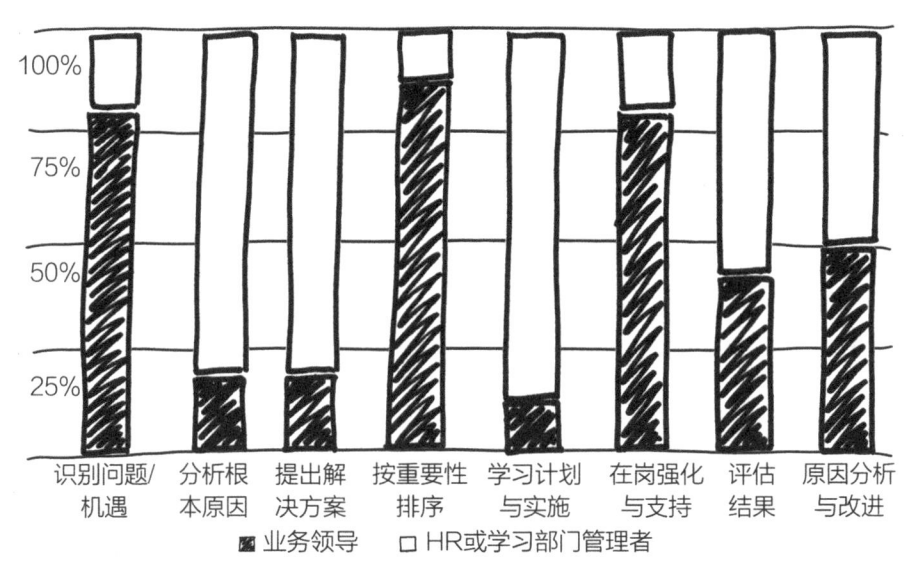

图6-1　业务领导和HR或学习部门管理者都应参与有效企业学习开发流程的每个阶段，但是他们在每个阶段贡献的力量会有所差别

一、识别问题/机遇

本阶段应由业务领导承担主要责任（但不是全部责任），负责识别企业在市场活动中显现出来并可以通过学习解决的绩效问题和捕捉的机会。作为业务计划流程的组成部分，业务领导在此阶段应思考以

下几个问题：

- 竞争对手的员工哪些方面比我们的员工做得更好？

- 我们有哪些方面没有达到质量、效率、客户服务或产量目标的要求？

- 如果只能提升一个业务领域的产能，哪个领域对整体绩效的影响最大？

- 就本产业发展趋势而言，我们今年必须安排哪些学习项目以赶超竞争对手？

业务领导应把自己设定为问题（或机会）的陈述者，抑制住想直接提出解决方案的冲动。换句话说，计划应该表述为"提升我们销售人员的销售能力以抗衡竞争对手某某"，而不是"提供为期两天的竞争性销售培训课程"。提升销售能力的方法有很多，为期两天的培训课程也许是最有效、最高效的解决方法，但它也有可能不是。只有在完成根本原因分析并咨询培训专家后，才能选择解决方案。

本阶段旨在识别利用学习手段提升竞争力的机会，HR或学习部门管理者要做的工作相对不多，但仍然重要。他们应关注关键岗位人才的市场供给趋势以及企业现有员工中可以胜任关键岗位的"后备人才"状况。HR或学习部门管理者应阅读企业的战略规划和商业计划书，特别是其中的SWOT（优势、劣势、机会与威胁）分析，以便发现学习在捕捉外部机会、最大可能降低威胁方面可以发挥的作用，同时应积极参与制订计划的相关讨论。

二、分析根本原因

一旦识别出需要关注的绩效问题，HR或学习管理专业人员就应主导该问题根本原因的分析工作。绩效分析应将影响绩效的所有因素纳入分析范围，也就是应包括外部环境、工作、员工和工作环境四类因素。此项工作应由参加过绩效分析培训以及绩效分析系统高级培训的专业人员承担。绩效分析不能预设目标。也就是说，不应预先假定培训是必要的，分析应全面考虑所有的可选方法，然后从中选择一个能最有效、最便利实现目标的方法。

业务领导在原因分析阶段一般不起主导作用，但仍是十分重要的参与者。他们对于绩效标准和工作环境方面的问题有着深刻的见解，并能提供大量的支撑材料。高层管理者也应发挥好领导作用，除了自己亲自参与实情调查，还应鼓励直属下级共同参与。

三、提出解决方案

一旦根本原因（通常不止一个）被识别出来，提供解决方案的主要责任就落到了具有专业知识和经验的HR与学习管理专业人员的肩上。解决方案中是否需要包含结构化学习课程，取决于绩效差距产生的原因。应该首先尝试最简单、最快、成本最低的方法。例如，某个质量问题可以借助简单的工作辅助来解决，那么该方法就应该作为解决方案提出来。反过来，如果问题来自一个设计不合理的计算机接口，那么既节约又快速的解决方案就是重新编程，而不是一次次培训新员工如何适应现有软件缺陷。

虽然学习与开发管理专业人员在这一阶段会承担大多数工作，但他们绝不能闭门造车，独自开发全部解决方案，这一点很重要。相反，在绩效分析和方案开发阶段，他们应该经常与业务领导磋商，最终的方案建议也应该是他们和业务领导合作完成的。

最后，在流程初始阶段负责问题识别的业务领导应帮助学习部门领导开发解决方案的业务计划。计划中至少应包括以下几点内容：

- 业务理由：问题或机会的重要性和紧迫性。
- 预期收益：执行解决方案的有形和无形收益。
- 成本：时间和资金。
- 时间表：执行解决方案的时间安排，以及等待结果的时间。
- 评估战略：评估方案是否成功的计划和标准。

四、按重要性排序

一旦确定了潜在机会和解决方案，业务领导便要负责排出优先顺序，这会影响到实施的结果和预算。几乎可以肯定，实际能投入到学习上的时间和金钱总是比希望投入的少。审核培训支出时需要考虑到其他业务支出机会，最终有一部分培训能获批通过，剩下的就不得不缩减、延期或者取消（见图6-2）。这些都是在权衡预期收益、预期成本和战略重要性以后做出的基本商业决策。

应将培训方案与其他投资机会进行比较，从而做出合理评估。

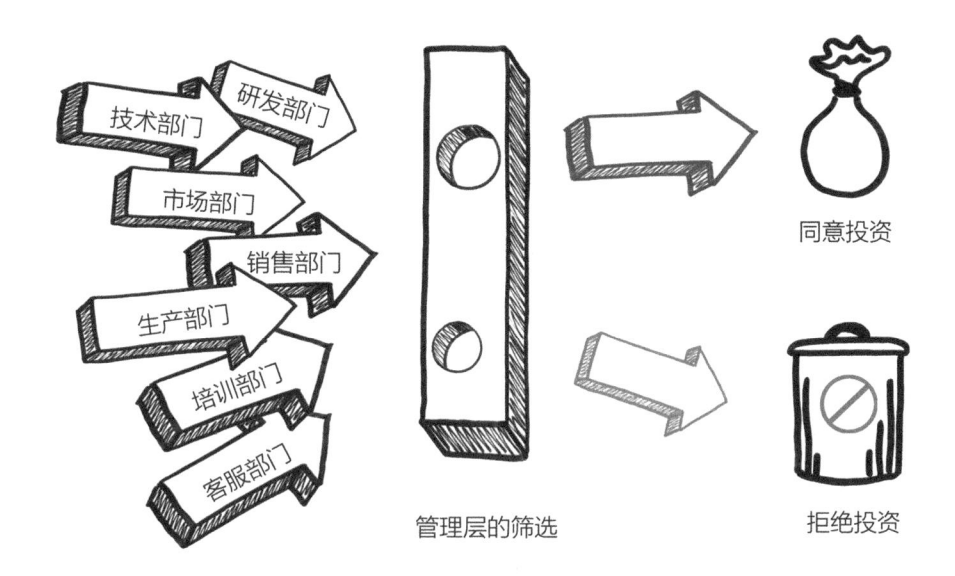

图6-2 业务领导必须将培训与其他潜在的时间与金钱投资机会一起权衡排序

另外，还应将新旧培训项目混合在一起考虑优先顺序，而不是不加批判地延续现有的学习计划，因为其中部分可能已失去实际价值。企业需要对其学习项目组合进行战略性的管理，这与对待产品组合的策略如出一辙：旨在确保将时间和资源集中在最具潜力的项目上，并从那些潜力较弱的项目中撤离资源。

五、学习计划与实施

如果学习是解决方案的组成部分，那么HR或学习部门应承担起解决方案设计、开发和实施阶段的大部分职责。

对于传统的培训项目（课堂培训或者在线学习），培训部门应承担 80%~90%的计划制订和课程教学工作。然而，若是在岗培训和混合型学习项目，基层管理者也应承担较大比重的教学工作。

开发学习方案的最佳途径是迭代更新，类似于软件开发领域的Agile方法（或称敏捷方法）。运用迭代法，应由学习管理专业人员开发早期概念或原型，然后将其分享给业务领导和员工以测试它们的可行性与适用性，并将收到的反馈意见并入后期的迭代中（见图6-3）。比起由培训部门独立制订学习方案，这种"逐步逼近法"（successive approximation method）可以更少的成本形成更有效的方案。尤为重要的是，你在开发过程中就已经征求了未来用户（参加学员）的意见。企业学习领域获奖专家迈克尔·艾伦曾说："不让学员参与学习项目设计是极大的错误。"

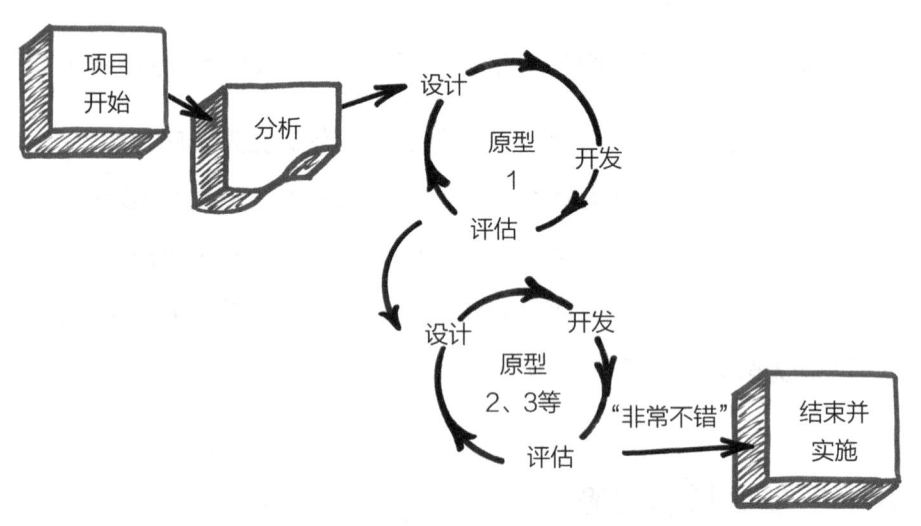

图6-3　开发学习方案和项目的最佳方法应是分析、评估和改进概念与原型的互动过程

六、在岗强化与支持

管理层必须在计划内学习项目结束后再次发挥主导作用。学员的直接上级必须马上对学员刚学到的技能和行为进行强化，否则之前的

学习成果就可能会被束之高阁，完全失去了应有的价值。基层管理者在这一阶段的积极参与是不可替代的，因为员工需要管理者指导他们如何优先分配时间。管理者无论是口头上还是行动上，都必须明确告诉员工其第一要务是将所学应用到工作中，否则员工不太可能将时间和精力放在这件事情上。培训部门应负责为这一关键步骤设计实施流程、工具和支持措施，但是他们不能越权管理其他部门的员工，因此也不能强制实施工作中的学习转化。业务领导应承担起相应的责任，确保员工的培训所学能有效地应用于工作中。

七、评估结果

学习效果评估工作主要由HR或学习部门管理者承担。他们需要开发评估计划，收集相关数据，并分析、总结，最后连同自己的专业建议一起呈报管理层。学习项目成功与否的评估计划和标准是最初的培训计划的组成部分，应该已经与培训计划一起完成了讨论。学习实施阶段结束后，管理层的工作就应是审查评估报告和专业建议，然后决定未来的行动方针，或者说，决定未来是扩大、保持、缩减还是淘汰该学习项目（见图6-4）。

八、原因分析与改进

业务领导和HR或学习部门管理者对学习项目的成败负有共同责任，应共同吸取经验教训并改进后续工作。当学习达到预期效果时，这应视为所有参与者的共同成就，每个人的努力都应得到认可。不应试图将成功的因素细化为课程培训、专人指导、领导支持等单项，并计算每项因素的贡献百分比，因为这可能会破坏团队合作。同时，也不应单独估算培训效果，这是无用之举，因为没有基层管理者积极支持的培训往往难以取得成效。

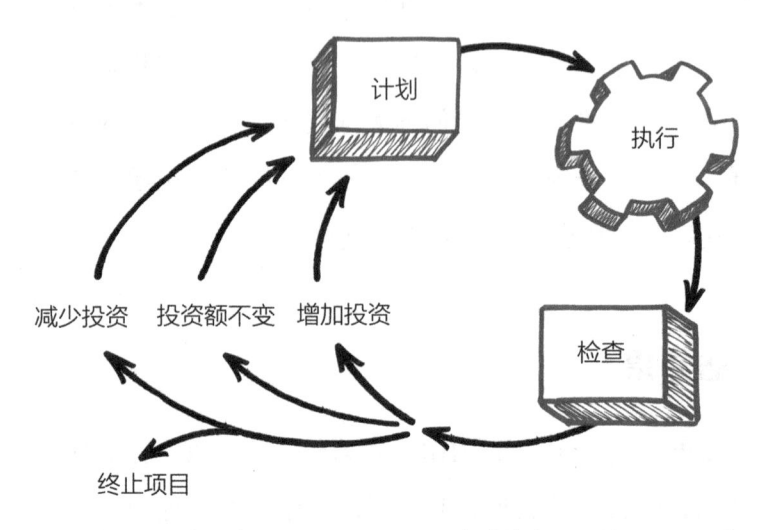

图6-4　基于学习项目的评估结果（PDCA四步骤中的检查），管理层可以有四个潜在行动方针。HR或学习部门应负责为合理决策提供支持数据

如果学习没能改进绩效，那么所有人都是失败者。若试图将失败的责任归咎到个人身上，将会适得其反。这就如同一艘船正在下沉，而船上的两个人却在争论是谁坐的一端漏水更严重（见图6-5）。实际上，他们本应该共同努力寻找漏点，堵住漏洞。

若学习未达到预期效果，那么应该客观地重新检查整个流程。在以改进绩效为导向的学习流程中，从一开始的问题识别到随后的学习、强化和评估等各个环节，都可能潜藏着导致失败的原因。应该设置一个完整的事后回顾（见附录A.4），以识别流程中的问题，避免未来重蹈覆辙。

图6-5 当学习未达到预期效果时，应着手解决出现的问题；无须担心谁会被当作罪魁祸首

本准则的实际应用

📋 给基层管理者的建议

- 履行自己在以发展为导向的学习流程中的义务，特别应做到以下几点：
  - 识别绩效改善的需求和机会。
  - 支持和强化员工在实际工作中的学习应用。
  - 就员工参加学习项目后的工作绩效，提供客观、准确的信息。

📋 给HR或学习部门管理者的建议

- 成为业务领导的战略伙伴：
  - 积极主动地与业务领导接触，了解他们的主要挑战和利用计划内学习提高生产效率的方法。

- □ 为学习指导委员会准备清晰、简短，类似于业务报告的提案。
- □ 评估学习对员工绩效的改进效果，而不是评估培训次数或者学员满意度。

- 在结果导向型学习流程中，卓越地履行应尽职责。
- 若业务领导不配合工作，请向高管层求助。

给高层管理者的建议

- 成立一个由高层管理者和HR或学习部门管理者组成的指导委员会，承担以下职责：

  - □ 识别通过学习改进绩效的最重要的机会。
  - □ 基于业务战略和需求设定年度学习与发展项目的优先顺序。
  - □ 审查已完成的计划和项目，提出未来的行动建议。

- 对业务领导与HR或学习部门管理者的合作提出要求，并对合作结果做出相应奖惩。
- 给未能履行好合作义务的管理者提供用于纠正的反馈或行为。

第七章

总结和行动号召

我们在本书中列出了十个关键点：

1. 在如今快速变化的商业环境下，持续学习至关重要。

2. 学习可以随时随地，或者说，学习可以是有意为之的（正式培训或计划内学习），也可以是无意中促成的（非正式学习或计划外学习）。

3. 员工学习到的可以是好习惯，也可以是坏习惯，这取决于工作环境、领导行为以及员工的个人动机。

4. 企业投资计划内学习（包括课堂培训、研修班、在线学习、在岗培训等）是为了使员工具备胜任岗位的技能和知识。

5. 上述几点证明了，培训必须是一个得到专业、高效管理的"业务流程"。

6. 不是所有培训都可以取得相同的效果，必定是其中一些好过另一些。

7. 企业若拥有效果最好、效率最高的学习流程，便可以获得竞争优势。

8. 有效学习需要正确的目标设定、卓越的设计与执行、对学以致用的强化与支持，以及对持续改进的坚持。

9. 各级管理者都可以通过最大化学习效果来获取收益，因为此方法有助于：

- 高管层实现企业的使命和愿景，使企业的时间和资金投入获得最大回报。

- 基层管理者提升团队绩效,增加个人职位晋升机会。
- HR或学习部门管理者被企业上下认同为战略业务伙伴和企业成功的主要贡献者。

10. 每位领导都应该积极促进学习并努力实现最好的学习效果。被动默许并不够,"如果你不是解决方案的制订者,就必然成为问题的制造者"。

概要

在当今竞争激烈的全球商业环境中,学习为实现企业成功发挥了重要的作用。目前的学习项目增加了企业价值,但它们能够并且本应该可以贡献更大的价值。

附录列出了可供管理者使用的最重要行为检查清单,以及工作辅助、工具、模板和指南等,可帮助使用者将学习打造成为竞争优势。

附录A

基层管理者使用的工具、指南和检查清单

A.1　如何为员工确定改进机会

作为管理者，你的个人成功取决于下属的表现。表A-1的目的是帮助你识别出通过相关学习改进部门绩效的机会。

表A-1 主要工作绩效项目清单

主要工作绩效项目	目前的优势	目前的不足
收入	☐	☐
预算达成情况	☐	☐
创新	☐	☐
按时交付	☐	☐
（内部或外部）客户满意度	☐	☐
成本节约/效率提高	☐	☐
高质量的产品或服务	☐	☐
安全操作（无伤亡事故）	☐	☐
法律法规等的合规性	☐	☐
团队合作	☐	☐
员工的能力与激励情况	☐	☐
其他：_____	☐	☐

（1）审查表A-1，找出其中能反映你的团队目前最大优势的三项指标，也就是你的内部或外部客户认为的，你的团队比其他竞争对手做得更优秀的三个方面。

（2）找出能反映你的团队目前最大不足的一项指标，即使你们在这一方面的绩效尚可，但也请牢记，每一个流程都有改进的空间（见图A-1）。

附录A 基层管理者使用的工具、指南和检查清单

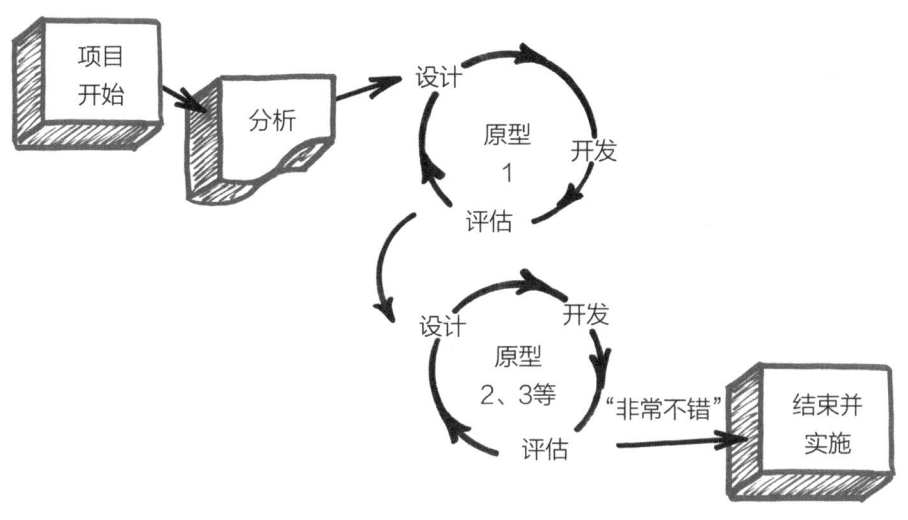

图A-1 优化项目

（3）现在请思考，是哪些因素导致出现了你所选择的相对不太理想的绩效指标，把这些因素全部找出来（见表A-2）。

表A-2 妨碍实现理想绩效的潜在因素

妨碍实现理想绩效的潜在因素	是否妨碍因素
没有足够的激励措施促使员工达到良好绩效	☐
部分员工缺少必备的知识和技能	☐
员工没有获得绩效反馈，或反馈没有可操作性	☐
工作流程效率低下	☐
绩效标准不明确	☐
员工未得到足够的工具或信息	☐
企业文化不支持良好绩效	☐
员工缺少追求良好绩效的动机	☐
绩效欠佳不会给员工带来不利后果	☐
其他：_____	☐

（4）如果你发现"部分员工缺少必备的知识和技能"是妨碍因

素，通过计划内学习可以改进团队绩效，那么请与负责你所在业务部门学习与发展工作的主管领导商讨消除技能与知识差距的最佳方法。

（5）如果你还发现了其他的影响因素，请与你的上级领导和HR或学习部门管理者商讨如何消除这些障碍。

A.2　如何识别自我改进机会

企业若要成功，必须为客户提供比竞争对手更多的价值。你若要在管理岗位上不断取得进步，就必须为下属提供与其他同级管理者相同或者比他们更多的价值。

国际人力资源公司光辉国际已将学习敏锐度认定为管理成功的关键因素。学习敏锐度是学习并应用新技能的意愿和能力。学习敏锐度还要求"抛弃"因工作或环境变化而不再有用的旧习惯。

一、自我评估

借助表A-3仔细思考，为你实现职业抱负提供最大帮助的发展经历有哪些。选出你认为对个人进一步发展最重要的1~3项个人潜力。完成该表后，安排时间与你的上级领导和HR或学习部门管理者就所选内容展开讨论。

表A-3　选择需要改进的方面

有待加强的个人潜力	对个人的重要性
沟通	□
指导和反馈	□
授权	□

续表

有待加强的个人潜力	对个人的重要性
促进合作	☐
建设高绩效团队	☐
变革管理	☐
冲突管理	☐
技术管理	☐
流程改进	☐
财务分析	☐
计划制订	☐
战略思考	☐
强大的执行力	☐
表达技巧	☐
聆听技巧	☐
写作技巧	☐
其他：_____	☐

二、前馈

"前馈"是收集改进意见的有用技术，由马歇尔·戈德史密斯引入并开发。马歇尔·戈德史密斯本人是高管教练，也是《习惯力》一书的作者。借助前馈，管理者可简便、有效地收集改进自身领导力的有用意见。因为，前馈着眼的是未来，而非过去（有别于反馈），你可以向任何人征求意见，你的下属也不必在提意见时被迫批评你过去的行为。

以下四个简单步骤将帮助你获得前馈：

1. 选定一个你希望改进的行为。例如，"我希望改进自己的管理有效性"。

2. 在与相熟之人私下聊天时，可以向他们详细讲述你的目标。所谓相熟之人，可以是老板、同事或者下属。

3. 向对方请教两个可供未来改进的意见。

4. 认真听取意见，不要进行评价、权衡或者批判。只需向对方道谢即可。

汇总来自各方的意见，然后集中反思。大家共同的观点有哪些？对你激励最大的是哪些？选定其中的一到两个意见付诸实践。执行一段时间后，应停下来反思前期取得的进步，并周期性地重复这一前馈行为，坚持不断学习与发展。

A.3　如何提供学习的有效反馈

管理者最重要的工作之一是帮助员工学习和成长，使他们能更有效、更高效地完成岗位工作。同时，还需要使他们具备在未来承担更大工作职责的能力。

- 帮助员工明确个人目标和抱负。
- 不仅要看到员工已经完成的工作，还应认可他们为发展自我而付出的努力。
- 将反馈和训练集中在你实际看到的行为上，不要自以为已经知道了该行为产生的原因。
- 对于那些实现自我发展或者帮助他人获得发展的员工，应当众给予表扬。

- 确保迅速并经常地给予员工积极反馈，而不是一味批评。

- 寻找指导机会，也就是那些可以帮助员工从成功或失败中吸取经验教训的时机。

- 请务必牢记，学习必须结合反思。提问比直接给出建议更能促使员工反思。

实践（无论成败）之后马上学习是最有效的。当你看到员工完成汇报、销售电话、客户互动或者其他工作任务后，应抓住这些促进他们学习的机会：

1. 夯实基础。例如，可以说："某某，我希望占用几分钟时间回顾一下，以帮助我们从中学到经验教训并且在以后的工作中可以做得更好。"

2. 要求员工自评："你认为自己这件事做得如何？"

- 如果员工对于该项工作成功与否有正确判断，则进入下一个问题。

- 如果员工有误判，也就是说，评估结果过于乐观或者悲观，请告诉他你的评估意见，并解释清楚你们双方认识有差别的原因。

3. 向员工提问："产生这样的结果，是因为你采取了（或者没采取）什么行为？"

- 如果员工正确识别出了有利行为和不利行为，则进入下一个问题。

- 如果员工没有找到关键点，尝试问问他们"是怎样完成某个行为的"，促使他们思考被忽略了的关键点。

4. 指导员工仔细思考，在反思中发现的上述关键点应如何运用到未来的工作中。例如，提问："那么，接下来若碰到类似的情况，你会坚持哪些行为，改变哪些行为，从而更好地完成工作？"

A.4 如何引导事后回顾

事后回顾是十分有效的从经验中学习的方法。它被广泛应用于军事、医学和商业领域。它的目的是加快学习速度，而非论功行赏或者归咎责任。为了强调事后回顾在学习方面的重要作用，它应被安排在每个重要行动完成后，而不只是运用在失败的行动上（见表A-4）。

表A-4 事后回顾的步骤与建议

步骤	供参考的评语
1. 重申目的	"我们今天的目的是学习项目经验，以期在未来做得更好；我们不是来论功行赏或者归咎责任的。"
2. 陈述项目或倡议的最初目标	"大家共同回想一下，我们项目的最初目标是_____"
3. 陈述真实情况	坚持实事求是地陈述结果："我们的收入超出目标值21%。"或者"我们的软件发布时间推迟了3个月。"结果描述必须有相关数据支撑，不能仅仅是个人看法
4. 组织讨论结果产生的原因	"导致结果的原因是什么？"确保项目从计划到协调、执行全部阶段的优势和缺陷都已考虑到了
5. 总结经验教训	向与会者提问："基于我们刚刚的讨论，在未来的工作中，哪些方面需要保留，哪些方面需要改变呢？"
6. 总结并制订在未来工作中运用经验教训的计划	"所以，下次有此类项目时，这一部分做法我们要坚持，而那一部分做法我们要改变。"

A.5　培训前讨论指南

如果员工以积极心态参加培训,他们自然会比心态消极的人收获更大(见图A-2)。作为基层管理者,你可以与员工进行一次简短的培训前谈话,借此正面影响员工心态,使部门获得更大的培训价值。

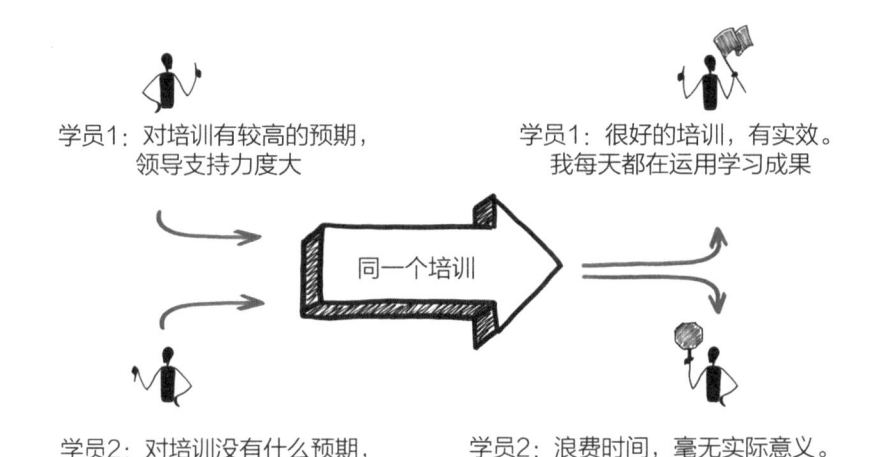

学员1：对培训有较高的预期,领导支持力度大

学员1：很好的培训,有实效。我每天都在运用学习成果

同一个培训

学员2：对培训没有什么预期,领导漠不关心

学员2：浪费时间,毫无实际意义。我完全用不上

图A-2　以积极心态接受培训的员工将比以消极心态开始培训的员工受益更多

一、简要谈话

如果培训时间不长,对本部门的重要性也不大,那么一次快速沟通就足够了。沟通可以一对一,也可以通过电话、电子邮件、短信或者多人小组会谈的方式。谈话的内容可以是："我知道你(们)要参加某某培训,这对你(们)的个人职业生涯以及我们整个部门都很重要,希望你(们)认真学习,并将学到的东西应用到工作中。等培训结束回来后,我希望听到你(们)的培训报告以及对新技能和知识的应用计划。"只要说到了这些,就可以促使员工更加认真地对待培训。若他们掌握了更多的培训内容,部门也自然会获得更大的收益。

二、深入讨论

如果学习项目占用时间较长，对促进员工取得良好绩效意义重大，那么就必须安排一个长时间的培训前讨论。

1. 应根据培训的重要性，安排一次10~30分钟的会议。

2. 要求员工审阅培训项目的说明材料，将他们认为最有价值的学习内容选出来供会议讨论。

3. 会议伊始，应首先重申发展与持续改进的重要性。

4. 要求员工简要说明他们对培训项目的理解以及最想从中学到的内容：

- 如果你认同他们的评估，就直接表示认同。
- 如果你认为还有一些更重要的培训课题和技能需要重点关注，就引导他们将注意力放到这些内容上来。

5. 应告知员工，你很期待培训结束后听到他们汇报学习情况，看到他们将学到的新技能和知识应用于工作中。

三、签订学习合同

对于特别重要的战略性课程，完成讨论后还应与员工签订学习合同。参考模板如下：

员工承诺

为了在即将参加的＿＿＿＿＿＿＿＿＿＿＿＿项目中收获最大的学习与发展价值，我同意：

1. 按要求完成全部课前阅读以及相关指定任务。

2. 参加并积极完成全部课程和会议。

3. 设定学习运用目标，实现培训所学在工作中的应用。

4. 执行改进个人绩效的跟进计划。

5. 汇报结果。

6. 与同事分享学习重点和个人见解。

其他：＿＿＿＿＿＿＿＿＿＿＿＿＿＿＿＿＿＿＿＿＿＿

特别地，为了在学习项目结束后改进绩效，在此过程中我将重点学习（列出课题或技能）＿＿＿＿＿＿＿＿＿＿＿＿＿＿

签字人：＿＿＿＿＿＿

日　　期：＿＿＿＿＿＿

管理者承诺

作为以上员工的上级领导，我同意：

1. 出席并参加为主管人员预先举行的培训情况说明会。

2. 减少参训员工手头的工作任务，以确保他们有时间完成培训准备并参加所有培训课程。

3. 在培训前与参训员工会面，与他们沟通培训能带来的重要发展机会，让其保证能够参加所有的培训课程。

4. 培训期间尽量减少对参训员工的干扰。

5. 培训活动结束后，再次与参训员工会面，共同探讨如何在工作中运用所学内容。

我们的培训后会议定于_____

6. 亲自为参训员工示范如何进行整个培训流程的操作。

7. 鼓励、支持和强化参训员工将所学应用在工作中。

8. 在工作中为参训员工提供学习新知识或新技能的机会。

9. 为参训员工的后续发展提出建议。

我的特别要求或附加期望包括：_____

签名：_____

A.6 培训后讨论指南

作为管理者，若想增加部门的学习价值，你的首要工作之一就是在员工完成培训后组织跟进讨论。讨论时间不必太长，内容不必太详细，你也不必表现得像一位学科专家。简单提几个问题就可以表达你的关注，并鼓励员工反思学习内容。如正文所述，你的关注和员工的反思都可以增加学习价值。

一、简短的一对一讨论

即使是一个简短的讨论，也可以达到所希望的效果。联合包裹运输服务公司鼓励管理者在下属结束培训并返回后，向他们提出以下三个问题：

1. 你最重要的学习收获是什么？

2. 你打算如何应用它？

3. 需要我们提供哪些帮助？

管理者应养成习惯，在员工培训结束后必须向他们提出以上三个问题。要知道，你提出的问题会促使员工更加专注于培训并学习到更多的技能和知识。

二、小组讨论

如果你的团队有定期例会，就安排在会上讨论近期参加的各种学习。要求每位参训员工向其他团队成员做一个简要的学习报告。陈述内容包括：

- 最有用的学习收获。

- 这些收获可以怎样应用到工作中。

- 建议其他同事如何应用新思路或者从中学习到新东西。

众所周知，最好的学习方法是尝试将个人所学讲授给其他人。准备一个简短的学习报告，可以促使参训员工回顾培训并加强记忆。

三、长期或关键任务型学习项目的讨论

如果学习项目对员工职业生涯或者部门工作开展至关重要，就必须安排更深入的讨论和跟进。（以下参考内容引自电子工业出版社出版的《将培训转化为商业结果·转化篇》一书。）

（1）概述

①员工培训结束后，应立刻安排跟进讨论。

②制订讨论计划，时长预计为20～30分钟。

③你的角色以倾听和提问为主，参训员工才应该是主讲人。

（2）详细的训练建议

①见面并问候。感谢员工参会，告诉他你对他即将讲述的培训项目情况以及学以致用的思考十分感兴趣。

②询问员工："你认为最有价值的学习收获是什么？"

- 认真听取答案。

- 复述你听到的内容，确认理解无误，你可以说："所以，对你

而言，这次培训最有价值的部分是……"

- 要求员工进一步解释或扩展，这将帮助他深化理解并认真思考。例如，你可以说："关于……这一点，可以再多说一些吗？""你有没有感觉到，其他学员会认为别的培训内容更有价值？如果确有这种情况，为什么呢？"

③要求员工就学习收获的实际应用提出一到三个具体目标。你可以这样提问："对于如何应用学习收获，你设定了哪些目标？"

- 审查目标。

- 目标方向是否正确？是否与员工最重要的工作职责相关？是否具有足够的挑战性？

- 如果不是，你应询问员工："你为什么选择这个特殊的领域作为侧重点？""你能否考虑一下其他可能更重要或者更有价值的方向或重点？"

- 如果你认同这些目标，请转入下一个问题；如果不认同，请提供一些指导意见，例如："我希望看到你对学习目标有更清晰的认识。"或者"我希望你能再思考一下学习目标，把重点集中在……因为我发现你从这方面入手能获得更大的绩效改进。"

④询问员工："实现这些目标对部门和你的职业生涯有什么好处？"

- 帮助员工关注可实现收益，旨在引导他挑选出最有价值的目标并看到实现目标可带来的价值。

⑤询问员工："为了实现目标，你需要获得哪些支持或机会？"

- 向员工展现你的支持，同意他为实现目标向你申请资源、时间或者项目。

- 如果员工要求合理，则满足他的要求。

- 如果要求超出了你的能力范围，就向员工解释受限原因；如果必须满足员工提出的要求才能达到计划目标，那么根据你能支配的资源和时间情况对计划目标进行修正。

⑥最后，为跟进工作设定具体时点，例如："我希望在某年某月某日看到进度报告。"

- 规定具体的跟进时间将鼓励参训员工落实申请计划。

A.7 学习跟进范例

如果你对员工进行了培训后跟进，帮助他们强化学习收获，鼓励他们在工作中学以致用，就能使员工投入的学习时间产生更大的价值。以下是一些简便而有效的跟进方法：

1. 安排简短的一对一讨论，其间要求员工简要汇报他学到的重点内容

组织此类讨论的相关建议参见附录A.6。

2. 要求员工向其他团队成员简要讲解学习收获及其应用计划

鼓励员工反思学习内容并传授给其他人的好办法，是要求参训人员与其他团队成员分享最重要的学习收获及其应用计划。

3. 要求员工培训结束后每隔一段时间必须提交一次进度报告

作为业务领导，你应该定期汇报关键绩效指标的完成进度，以此推动自己全力实现绩效目标。同样，要求你的下属提交一至三次关于学习收获在实际工作中应用的进度报告，也有助于他们重点关注新技能和知识在工作中的应用。根据培训的特点和战略重要性，进度报告可以是简短的口头汇报，也可以是较详细的书面报告。

4. 实施"单环学习"

单环学习是由加拿大麦金利解决方案公司开发的简便且低成本的培训强化方法。它尤其适用于团队全体人员参加同一培训的情况。在全体团队成员参加的每次跟进会议上，第一位参训人员按要求简要回顾其中一个培训课题并讲解其实际应用情况，然后其他参训人员按此流程依次讲解，直到所有参训人员都完成了汇报。

5. 学习成果应用的定期提醒和实用小建议

通过定期提醒员工应用新技能和知识，可以增强学习转化效果，从而增加学习价值。提醒可以在团队会议上进行，也可以通过发送简短的电子邮件或者文本消息来实现。如果在这些提醒中包含了如何有效应用学习收获的实用小建议，员工就更愿意查阅和采纳。请你的培训主管领导协助准备一些可以发送给员工的简短交流信息。

6. 组织竞赛以激励员工回顾和应用

组织简单的竞赛是激励员工回顾和应用学习成果的有效方式，这有助于增加学习的商业价值。例如，你可以在团队中宣布，下次团队会议时将举办一次培训知识竞赛，并为成绩优秀的员工提供嘉奖，包括小额奖金等。或者，你可以列出一个学习成果在岗应用方法清单，并对最先完成清单的员工给予奖励。

7. 培训结束数周后召开总结会议

如果是多名员工参加了同一个培训，建议在培训结束数周后召开一次总结会议，可以是电话会议或现场会议。在会议中，要求每名参训人员简要汇报其培训后的工作进展及完成情况。员工会因为清楚了解会议的目的和要求而更加努力地推进培训效果的实际应用工作。

A.8　基层管理者使用的检查清单

基层管理者在学以致用、确保创造学习价值和竞争优势方面发挥着至关重要的作用。以下是基层管理者关键行为的检查清单，旨在确保你的部门、下属和你所在企业能作为一个整体从计划内学习投资中获益。

1. 支持持续学习

- 以身作则，成为持续学习的典范。
    - 当你从个人经历、阅读书籍或培训课程中学习到新事物时，请与下属分享。
- 抓住日常工作中出现的大量学习机会。
    - 鼓励员工通过分析和反思个人经历进行学习。
    - 你可以向员工提出此类问题："你认为这种情况为什么会发

生？""我们可以从中学到什么？""如果以后遇到这种情况，我们应该采取哪些不同的举措？"

- 与员工讨论其职业抱负和发展需求。

2. 努力实现正式培训最大的价值

- 在下属参加计划内培训前，与其进行简短讨论：

    □ 强调培训的重要性。

    □ 告诉员工你的期望，要求他们回到岗位后将学习收获应用到工作中。

- 培训结束后立刻安排跟进讨论：

    □ 要求下属与其他团队成员分享学习重点。

- 尽量减少学员培训期间受到的干扰，力求获得最好的学习效果。

- 培训结束后尽快与下属会谈：

    □ 询问学习要点、应用计划和学习价值。

- 提供练习或展示新本领的机会。

- 提供反馈和训练。

    □ 承认员工的努力和成绩。

附录B

HR或学习部门管理者使用的工具、指南和检查清单

8.1 如何识别接班人计划的培训需求

有效领导对于任何企业的长期成功都是至关重要的。大量事实已经证明，"领导是造就的，不是天生的"。也就是说，尽管一些人有天生的领导才能和意愿，却还是需要通过培训、学习、反思和上级指导来完善其领导技能。每个人无论天赋如何，都可以被培养成出色的管理者和领导者。

作为HR或学习部门管理者，你的重要工作之一就是提供学习机会，为企业培养出一批能够随时步入管理和领导岗位的"准备就绪"的骨干员工。随着企业的发展壮大以及现有管理者的离职或退休，管理层的新人培养势在必行。由于提升管理和领导技能需要时间，你就需要具备前瞻性，能够预测企业未来的领导人数和类型需求，并据此开发接班人计划。相关工作的具体步骤如下：

1. 审查企业现有的接班人计划

如果企业已有接班人计划，应仔细检查并识别关键领导岗位和管理岗位中缺少的可用或基本可用的"后备人才"。制订学习与发展计划来填补这些人才缺口，此计划中除了正式的领导力和管理培训课程，还应包括轮岗、上级指导、自学以及其他学习经历。

如果企业没有正式的接班人计划，应与业务领导商讨制订。他们认为未来两到三年的关键岗位有哪些？他们是否已培养足够的储备人才随时接任关键岗位工作？他们最担心的可能存在接班人缺口的关键岗位有哪些？

一旦识别出领导梯队中的缺口，就应制订填补缺口的发展计划，安排一系列学习项目和"延展性"任务。

2. 审查商业计划中预期增长领域

作为HR或学习部门管理者，你应该对企业实现发展目标所需的员工技能有前瞻性的预判。

请务必阅读商业计划书。预期本企业的哪些业务领域将增长最快？需要新增多少管理者才足够管理规模扩大后的企业各部门？除了必须具备的一般性的管理能力和领导力，新增的管理者还应具备哪些特殊技能？

这些人员需求中，有一部分可以通过外部招聘来解决，但多数新增管理者还是会来自企业内部现有员工，明确这一点很重要。你需要制订学习计划并提交给管理层，为成长最快的业务领域培养出满足发展需求的领导和员工。

3. 审查新晋管理者相关培训

从员工到基层管理者，从基层管理者到中层管理者，或者从中层管理者到高管，无论哪个层级的晋升人员，都会面临较大的角色转换失败的风险。虽然每名员工都是凭借在现有岗位上的卓越表现获得晋升的机会，但他们仍需要完成大量的学习才能胜任新岗位。而且，一些在原层级很适用的技能和知识，在升入高一级管理岗位后，可能需要被"搁置"或调整。例如，刚升职的基层管理者常常不将工作委派给下属，仍试图自己动手完成其中的绝大部分，如此看来，他的角色转换便是失败的。他们必须学会有效分派工作，"忘掉"亲自动手，否则他们就不是有效的管理者。

角色转换失败会付出高昂的代价。若新晋管理者未能成功转换至新角色，他们在毁掉自己职业生涯的同时，还将毁掉其他10~12位同事的职业生涯。所以，精明的企业会投资学习项目帮助新晋管理者成功转换角色。

此类培训应该教会新晋管理者必备的关键技能和避免最常见的角色转换失败的方法。培训应根据不同岗位量身打造，应适用于各个管理层级，最好在学员即将升职或者刚升职两到三周时"准时"开展。根据《最初的90天：如何成功进行角色转换》的作者、哈佛大学迈克尔·沃特金斯的观点，管理者到任新岗位后的前三个月对于其长期成功任职至关重要。这些在关键时期必须使用的培训和指导项目应该提前准备就绪，以帮助新晋管理者提高角色转换的成功率。

B.2　学习项目适用的商业计划书模板

学习是一种投资。它和其他业务投资一样，必须匹配组织的目标并要求获得收益。如果你能够为学习投资制作商业计划书，那将事半功倍。

一份好的商业计划书可以有效回答以下几个问题：

- 本项目重点关注什么业务问题或者机遇？

- 你所提出的解决方案是什么？提案的依据是什么？你考虑过的替代方案有哪些？

- 预期收益是什么？收益如何考量？

- 成本有哪些？列出所有成本，包括员工参加项目期间的工资。

- 关键的成功因素有哪些？潜在的失败风险有哪些？你打算如何提高成功概率，降低失败风险？

与你的业务伙伴沟通，确认他们是否有商业计划书的标准模板。如果还没有，我们推荐使用以下的版本。在你花时间自己完成前，请先将此版本分享给业务领导，他们有可能希望按照各自的特殊要求和偏好进行调整。

通用的商业计划书框架

1. 项目名称

2. 执行摘要

2.1 列出后文所有关键点（不超过一页）

……

3. 目标

3.1 本项目对战略和战术商业计划的支持

……

4. 策略概述

4.1 策略的主要构成

4.2 时间安排

4.3 基本依据

4.3.1 可接受方案与被否决方案

……

5. 项目成本

5.1 主要成本描述

5.2 财务分析

6. 项目预期收益

6.1 详细介绍

6.2 财务预测（如果适用）

6.3 结果评估计划概要

6.4 预计成本：收益率或投资回报率

7. 关键的成功因素与风险

7.1 关键的成功因素

7.1.1 例如，其他部门、管理者给予的配合等

……

7.2 风险与未知或不可控因素

7.2.1 风险对策

……

8. 总结与建议

8.3　结构化在岗培训

保证学习转化效果的最佳方法之一是现实工作中的在岗学习。如此，员工便可以通过解决工作现场实际问题、利用真实工具、完成现实工作任务来进行学习。全球最大的石油管网公司之一马拉松石油管道发现，相比课堂教学，在实际工作中培训技术人员，其学习速度会更快，工作质量也会更高。

为了保证培训效果，在岗培训应和其他类型的培训一样，必须精心计划和设计。也就是说，要制订明确目标和每个关键环节的计划。例如，员工的学习内容之一是观察经验丰富的员工，那么观察者和被观察者都应得到明确指令。学员应该收到观察和学习事项清单以及测试他们学习效果的一系列问题；被观察的员工应该收到演示事项清单以及保证学员学习效果的一系列问题。学习路径图国际公司总裁史蒂夫·罗森鲍姆曾在其报告中指出，提供这种指导意见可以形成更好的一致性。而且，这样做也可以节省学员和被观察员工双方的时间。

提供结构化在岗学习这一职责，应主要由上级领导和经验丰富的员工承担。但二者通常都不是接受过正规培训的讲师，因此需要获得相关的专业指导意见，如学员需求、授课方法以及保证学员实际操作效果的方法等。为了保证学习质量和一致性，应为每个岗位必须掌握的每项任务准备对应的培训指南。此外，应为上级领导和承担培训任务的员工，提供完成岗位技能教学以及员工技能应用情况评估所必需的专业意见。

结构化在岗培训指南

常用的任务培训指南框架如下：

1. 任务名称

2. 任务目标

3. 材料、工具和设备要求

4. 任务实施步骤

4.1 步骤

4.2 安全注意事项（如有）

4.3 特别术语或设备汇编

5. 讲师专用的分步指导意见

5.1 教学顺序推荐

5.2 特别注意事项或重点关注事项（如有）

6. 认证评估

6.1 纳入观察对象的步骤

6.2 各步骤成功完成的标准

6.3 任务全面成功完成的标准和技能认证

B.4 学习转化支持战略的范例

在绝大多数企业中，学习转化都是培训项目最薄弱的环节，也是造成时间和机会浪费（产生学习废品）的主要原因。为了减少学习废品，企业必须拥有促进学习转化的战略和计划。现实中的学习转化计划版本繁多，下文是其中一个常用模板。

1. 应用计划

员工如果有明确的目标和计划，就更有可能将新学到的技能和知识应用于工作中。所以，最好在学习项目中加入应用计划。如果是时间较短的战术性学习项目，只需要让每名学员花上几分钟把回到岗位后可以落实的最重要的事项写出来，保证他们花在培训上的时间物有所值即可。

如果是领导力发展培训等时间较长的战略性学习项目，则需要多花费一些时间让学员设定自己希望达到的明确目标。学员应写出自己的目标并与至少一位同学展开讨论，其后，将学员目标全部汇总起来，复印后交给他们各自的上级领导。这样做既强调了制订应用计划的重要性，又可以促成学员与上级领导之间的讨论。

2. 提醒

提醒是提升学习转化效果最基本、成本最低的方法之一。没有适时提醒，学员就容易忘记应用新技能和知识这件事。提醒的方式多种多样。我们可以回想一下，广告商为了提醒我们购买产品曾经用过的各式各样的方法。电子邮件提醒简便快捷，实践证明它确实能够有效促进学习转化。如果电子邮件中可以加入一些实用小建议、辅助工具等有用信息或者有趣的问题、测验、竞赛等，学员就会更愿意查阅。

3. 测验与竞赛

许多企业实践已经证明，培训结束后安排学员参加测验和竞赛，能够有效增强学习成果的记忆效果。

其基本做法为，在培训结束后的几周内，组织学员进行一到两次的答题活动。对于获得第一名的员工，可以给予适量的物质奖励或者授予"学习冠军"的荣誉称号。这种做法不仅能帮助学员巩固学习成果，还能通过引导他们思考问题（或在笔记中寻找答案）来加深理解，并提醒他们及时将所学应用于实际工作中。整个流程可以借助现有的商业软件程序来自动完成。

4. 进度报告

项目经理和业务经理必须对照项目计划，定期提交书面报告，以说明项目进展情况。此举有助于保证项目正常运转，并提醒责任人努力实现长期目标。

同样，我们应该要求参与长期发展培训（如管理发展培训）的员工定期向上级领导提交书面的进度报告并完成进度讨论，以此帮助学员努力实现个人发展目标并及时完成相关工作。通过绩效管理系统或者学习转化支持专用商业软件，我们可以利用简单的纸质表格实现进度跟踪。

5. 训练

与教练、导师的定期互动也是一种提醒，可以激励学员不断努力实现个人目标。

从其他学员中选派同侪教练是一种非常有用但尚未普及的方法。我们应该为每个学员指派一位（最好两位）同侪教练。在培训期间，组织同侪教练小组进行简短会面，让他们相互交换联系方式，并讨论各自的个人目标。同时，应为小组的有效互助和训练提供必要的支持。

最后，在结束培训前，让同侪教练小组共同确定培训后的首次跟进交流活动的时间。否则，他们可能因返岗后工作繁忙而逐渐忘记后续的互动计划。

6. 现场总结会或电话总结会

强调学习成果应用要求的有效方法之一，是在培训结束后的几周内安排一次总结会议。如果学员在同一地点工作，则可以召开现场总结会；如果工作地点分散，则应考虑采用电话会议或互联网会议的形式。

会议的议程如下：（1）简要回顾关键课题或技能；（2）学员简

要介绍学习成果应用情况；（3）学员介绍已完成应用的学习成果；（4）学员目前面临的困难或挑战。由于学员知道自己要在会议上公开汇报学习成果的应用和完成情况，他们自然会积极应用培训所学，并且完成一些值得汇报的学习转化成果。

B.5 培训审批决策流程图

培训要消耗时间和金钱。在审批培训项目前，应确认培训的必要性并保证预期收益高于成本。图B-1所示的培训审批决策流程图可为你提供相关帮助。

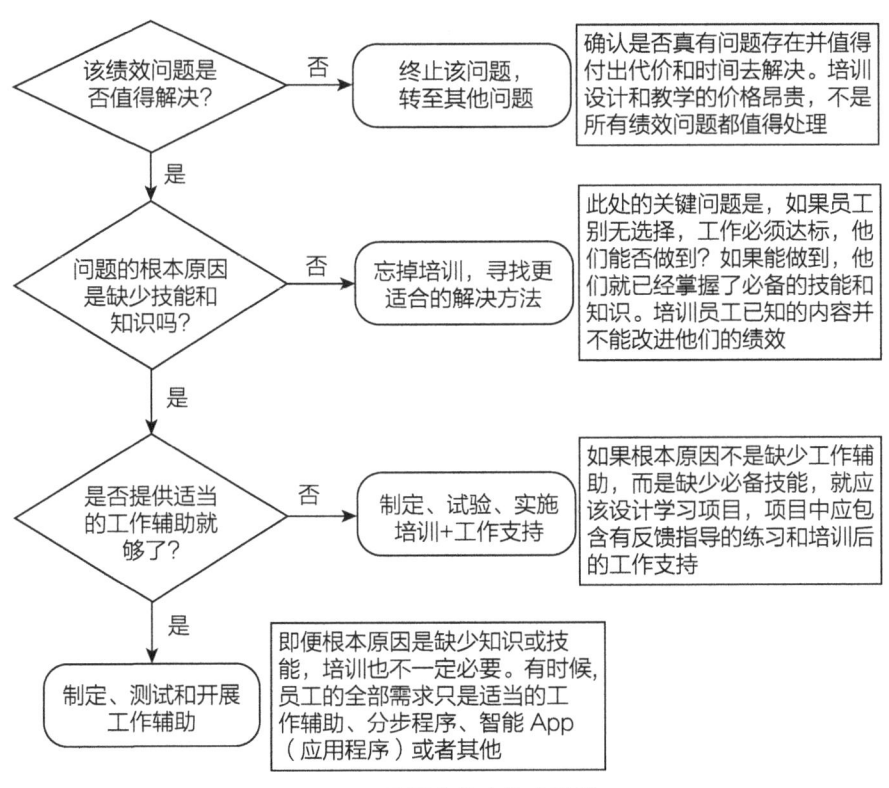

图B-1 培训审批决策流程图

8.6 学习项目评估指南

培训要耗费时间和金钱。业务领导希望知道培训是否值得投资，特别是持续投资（见附录C.2）。HR或学习部门管理者必须评估培训效果，以证实培训的投资价值并为持续改进提供支持。

下文的培训评估指南将为你开发稳健的评估战略提供指导。至于评估手段和方法，目前市面上已有大量的相关书籍和课程供参考。

培训评估指南

1. 事先建立培训成功的评估标准

如果不知道如何界定培训成功，你就难以达到成功的目标。在设计学习项目之前，与利益相关人（通常是业务领导）进行会谈，了解培训成功的评估方法。尽管他们有时会坚持财务分析的重要性，但在大多数情况下，他们更关注员工在岗行为是否有所变化。无论什么培训项目，了解业务部门的需求都有助于设计更有效的培训项目和更具说服力的评估标准。

2. 在计划培训项目的同时计划评估标准

一旦知道了培训成功的评估标准，就可以设计更有效的培训与评估计划。如果从一开始就将评估部分纳入计划中（而非事后考虑），那么评估工作就会更加轻松、有效。例如，利益相关人希望将培训前后的员工绩效进行比较，那么在培训开始前，你就需要收集并整理好基线数据。

3. 流程效率与项目有效性的双评估

毫无疑问，业务领导对项目的有效性更感兴趣：员工的学习经历结合领导的工作支持可以获得预期的结果吗？

但是，评估流程效率和执行情况对于识别改进机会也是很重要的。计划按要求执行了吗？如果没有，是什么原因呢？是因为有些环节被忽略了或者没有实现最优吗？例如，我们认为管理者会采取措施强化培训，但实际上他们这样做了吗？除非你专门评估流程效率和执行情况，否则便无法知道哪些环节需要改进。

4. 除了评估学员满意度或学习行为本身，还应评估相关的在岗行为和结果

既然学习目的是改进工作绩效，那么学习有效性的最终衡量标准也应该是工作绩效。仅仅评估学习行为本身或者员工对培训的愉悦程度并不够，工作绩效要求观察员工在岗行为或分析相关结果（如内部满意度或客户满意度），又或者双管齐下。相关衡量标准应与学习项目的业务目标相匹配。

5. 清晰明白、实事求是、有说服力地汇报调查结果

无论学习项目是否达到预期目标，都必须将结果汇报给管理层。报告应简短、清晰、实事求是。此外，报告应使用业务类词汇，尽量避免学习领域的专业术语，否则业务领导会听不懂或者无法评估。本书推荐的调查结果报告框架模板如附录C.1所示。

6. 将未来行动的专业建议写入报告

务必在报告中放入未来行动建议。作为学习管理专家，你应该提供专业建议。对于学习项目后续是否应该扩大规模、保持现状、调整改进、缩小规模，还是放弃停止，你应该给出明确的建议并说明原因。例如，你可能会建议终止某项培训计划，因为它缺乏基层管理者对学习转化的支持，所以员工未能产生预期的行为变化。

8.7　HR 或学习部门管理者使用的检查清单

HR或学习部门管理者负责制订学习计划并管理学习项目，他们肩负着确保企业员工具备胜任现有岗位所需的技能和知识，并在未来能够储备新技能以胜任更高层级岗位的责任。同时，HR或学习部门管理者还要负责匹配学习目标与业务目标，并像业务部门管理战略业务一样实施学习管理。以下是HR或学习部门管理者应该使用的关键行为检查清单，旨在保证企业学习职能能够有效促进业务目标的实现和竞争力的提升。

- 阅读商业计划书和战略规划，并申请参加计划制订会。

    ☐ 你越了解各项业务计划和战略，就越能设计出匹配的学习项目。

    ☐ 如果你能自如地参考商业计划书，并让学习项目表现出对战略业务目标强大的支持力，就可以获得更多的信任。

- 应使用业务词汇进行发言和写作。

附录B　HR或学习部门管理者使用的工具、指南和检查清单

　　□ 在向业务领导陈述或汇报工作时，应避免使用HR或者学习与发展领域的专业术语。

- 不要被动等待别人提要求。

　　□ 应主动依据业务战略来规划学习工作，并积极提出有助于实现业务目标的学习项目建议。

　　□ 如果你只是被动等待其他部门向你提出培训需求，那么他们只会把你看作培训提供者，而非战略业务伙伴。

- 像管理业务一样管理培训。

　　□ 向业务部门学习，规范培训的计划、陈述、报告和实施工作。

　　□ 你与团队完成的每项工作都应追求卓越。

- 建立通用的模式和流程。

　　□ 如果每位学习管理专业人员使用的学习方法都不同，那么学习就很难被打造成竞争优势。

　　□ 选择一个通用的学习模式，确保团队全体成员都学习并坚持将其作为主导模式使用。

　　□ 选择6Ds®法则一类的学习模式，它既运用了过程思维，又涵盖了培训前后的各个环节（见附录D和电子工业出版社出版的《将培训转化为商业结果：学习发展项目的6Ds®法则》一书）。类似ADDIE（一套系统发展教学的方法，五个字母分别表示分析、设计、开发、实施和评估）的纯教学设计模式是不足以实现业务价值的。

159

- 坚持持续改进。

    - 评估学习的有效性和效率，探索后续项目的改进方法。

    - 失败在所难免，应接受某些项目可能失败的事实。承认失败，吸取教训，持续改进。

附录C

高层管理者使用的行为检查清单

C.1 商业计划书中学习部分的模板

既然学习对企业保持核心竞争力十分重要，那么企业各单位都应在年度规划中纳入培训项目的讨论，并专门制定确保年度规划顺利实施的培训项目。业务领导应将学习纳入自己负责的商业计划书，因为他们不仅需要对最终的业务结果负责，而且是培训费用的最终承担者。

作为高层管理者，你可以在商业计划书中坚持加入培训与发展需求的讨论，以确保学习与业务重点保持一致。本书推荐的模板如下。

达成业务计划所需学习项目

1. 新项目

（1）你的业务计划包含了以下哪些内容？（可多选）

- 新的产品
- 新的市场或市场细分
- 新的流程或程序
- 新的技术
- 其他新业务：_____

（2）针对以上所选项，详细陈述你的学习计划。请务必保证该计划实施后，员工可具备执行业务计划所必需的知识和技能。

2. 持续改进

（1）改进哪些工作技能可以提升员工绩效？

（2）你计划如何改进上述工作技能？

3. 领导力与管理发展

（1）今年你是否希望晋升一些员工到管理岗位？ 是___否___

（2）你是否希望晋升一些现任管理者至更高层级的管理职位？ 是___否___

（3）如果以上两题中任何一题的答案为"是"，那么确保员工具备足够知识和技能胜任新岗位的学习计划是什么？

（4）你所在单位现有的管理者能力提升计划是什么？

4. 与相关人员共同完成计划制订

你是否与负责本单位学习与发展的人员讨论过以上学习需求？ 是___否___

（应将本单位内部未讨论过的建议返回到内部讨论，确保计划制订的一致性和协调性。）

C.2 每次计划内学习完成后应向 HR 或学习部门管理者提出的问题

学习项目可以是课堂培训、在线学习、在岗培训和上级指导等形式，无论哪一类都必然要耗费时间和金钱。学习是企业的一种人力资本投资，其目的是促进企业的绩效增长。学习投资应得到与其他投资相同的管理，也就是说，应该在审核其业务计划后批准实施。学习的预期投资收益应大于成本，符合企业战略要求，并且不低于其他潜在投资机会的收益。

必须对每次的学习结果进行评估，用以判断该项目是否值得投资，或者说是否达到预期的收益成本比。而且，每个学习项目无论成败都应进行审查，借此找到改进学习有效性的机会。作为负责业务的高管，你应该要求HR或学习部门管理者回答以下两个问题：

- 评估结果是什么？（本次学习是否带来了改变？有何证据？）
- 现在应采取什么措施？（基于现有结果，我们未来应采取什么措施？）

要求HR或学习部门管理者按照以下框架模板准备一份评估报告。

学习项目评估报告的框架模板

1. 执行摘要

所有关键点及建议的摘要，不超过一页。

2. 项目目标

项目的业务目标。

3. 执行情况

简要介绍相关工作，包括计划外的所有异常情况。除了正式教学，本部分还应包括所有的学习组成环节，如绩效支持与训练等。

4. 学习结果

描述学习如何导致工作绩效的改变，并以此为评估的依据。应坚持用真实的绩效表现为标准来评价学习结果，而不仅限于学员对培训的评价或者其知识测试的成绩。

根据项目特点，可采纳的证据包括可量化的绩效改善（如速度提升、质量提高或收入增长等），以及领导、同事、客户的评价意见。

如果评价结果可以货币化（用货币考量）且数据可靠，就应该货币化，而且投资回报率最好由财务部门（而非HR）提供。如果评估结果无法货币化，就应该坚持使用员工敬业度变化情况或客户满意度变化情况等其他相关数据。

5. 成本

项目的全部成本，包括项目开发费用、学员工资、材料支出等。

6. 建议

明确建议继续开展或不再开展本项学习，并说明原因。

如果建议继续开展，本部分还应提出持续改进专项建议。

C.3 高层管理者使用的检查清单

作为高层管理者，你应负责设定和管理企业的战略方向，以确保企业能够长期成功运营。现在，你的工作又增加了一项，将学习纳入企业战略。以下是为你准备的检查清单，它将有助于企业保持竞争力，确保学习与发展投资获得正收益。

- 将学习纳入企业战略

    □ 对于企业保持竞争力或实现竞争优势所需的学习，必须进行有意义的讨论，这应该成为战略规划的组成部分。

- 对于保证业务计划成功实施所需的学习，应坚持在商业计划书中设立专项讨论（参见附录C.1）

    □ 企业成长依赖于新项目，如新产品、新市场或新流程等。新项目的成功实施离不开新技能和新知识的支持。因此，商业计划书应详细说明员工获得必备技能的步骤。

- 培训工作应追求卓越，不应逊色于其他业务职能

    □ 以审核其他部门时的严谨态度审核学习计划及其实施过程。

    □ 坚持卓越表现和持续改进。

    □ 任命高潜质员工领导和管理部门。

附录D
学习发展项目的6Ds®法则

我们在2003年启动了一个研究项目，旨在了解某些企业可以比竞争对手学习效果更好的原因，并最终找到了高效学习企业与低效学习企业间的六点差异。我们将这些差异汇总在《将培训转化为商业结果：学习发展项目的6Ds®法则》（简称《学习发展项目的6Ds®法则》）一书中，此书于2006年首次出版。之所以只将这些标杆行为称为"法则"，是因为其中任何一点都不足以被认定为重大突破，最多只能算作常识。能使高效学习企业脱颖而出的真正原因，是它们能够长期、稳定、全面、完整地执行6Ds®法则。

《学习发展项目的6Ds®法则》现已成为学习与发展领域的畅销书，全球范围内从咨询业、卫生服务业到重工业的各类企业都在借助此书改进自身的学习与发展工作，力求将其打造为竞争优势的来源。随着越来越多的企业开始实施这六项法则（由于英文首字母都是D开头，也被称为6Ds®法则），现已有更优秀的标杆行为显现出来。为引入新的观点和案例研究，该书的第2版和第3版相继进行了较大幅度的修订。现在，最新版本已被译成中文，由电子工业出版社出版发行。中国的6Ds®法则实施研修班由世纪畅优公司及其他经认证的授权提供机构开办。更多的工具、指南和案例研究请参见电子工业出版社出版的《将培训转化为商业结果实践手册：学习发展项目6Ds®法则实施案例、工具、方法》一书（简称《6Ds®法则实践手册》）。6Ds®法则具体如下（见图D-1）：

- 界定业务结果。
- 设计完整体验。
- 引导学以致用。

- 推动学习转化。
- 实施绩效支持。
- 总结培训效果。

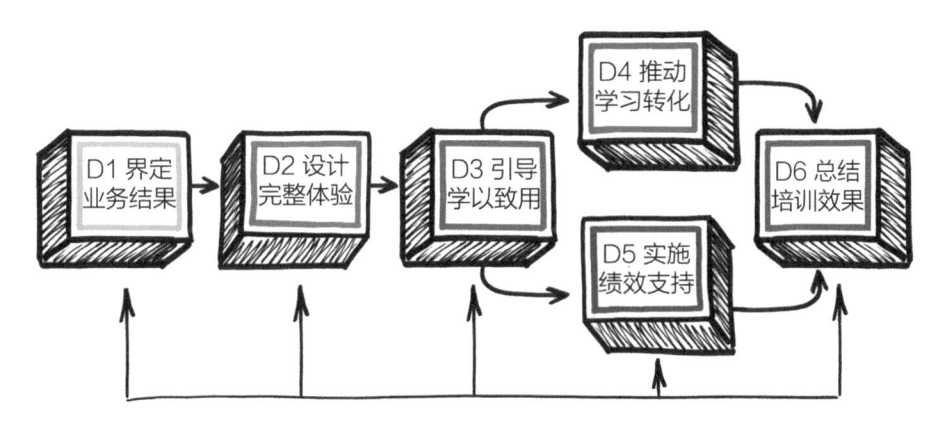

图D-1　学习发展项目的6Ds®法则

下文将逐一简要介绍这六项法则。有关基础理论、支持数据和实践应用的更多信息可参见《学习发展项目的6Ds®法则》第3版以及《6Ds®法则实践手册》（两本书的中文版都已面市）。

D1：界定业务结果

从业务领导的角度来看，成功的学习计划可以帮助企业达成自己的业务目标。英格索兰公司的首席学习官丽塔·史密斯曾写道："学习职能存在的唯一原因是驱动实现企业的业务结果。"因此，高效学习型组织的第一项法则，也是最重要的一项法则，就是与业务领导合作，清晰界定培训项目力求实现的业务结果。预期业务结果可以是改进客户服务、提高员工敬业度和工作效率或者提升产品与服务质量等。有关学员选择、项目设计与实施以及评估战略等后续决策都应建立在业务目标实现能力的基础之上。

预期业务目标与学习目标并不相同。学习目标关注的是学习内容，而业务目标则是将员工学习需求的产生原因与所需新技能的实际应用联系在一起。学习的业务目标为企业的愿景和使命提供了支持（见图D-2）。

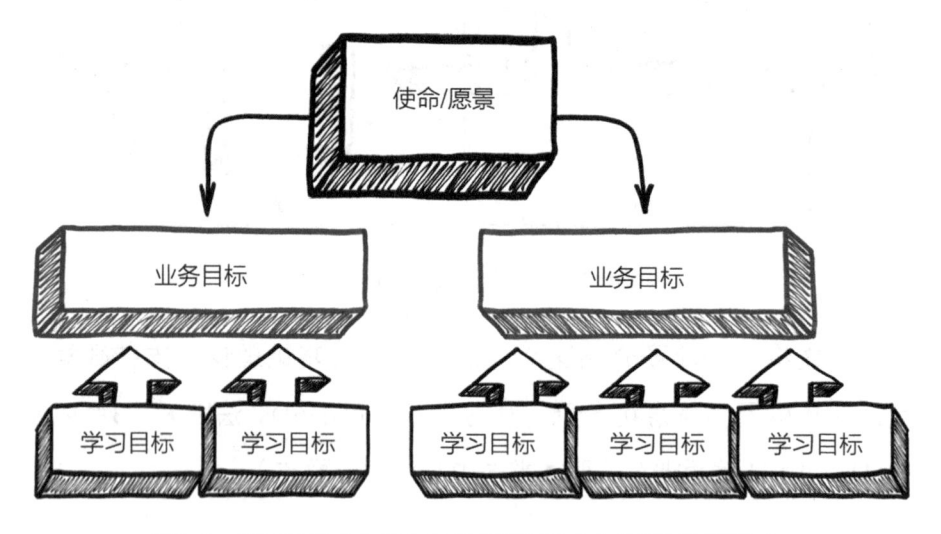

图D-2　学习目标应支持业务目标并帮助企业实现愿景和使命

首先应界定企业希望的业务结果。接下来，通过绩效缺口分析确定是否存在技能或知识缺口。如果确实存在缺口，就应制定针对这些缺口的学习目标，以期弥补这些不足。以界定希望的业务结果为开端，有助于培训师成为业务领导的战略伙伴，而不仅仅是按要求提供培训的执行者。

D2：设计完整体验

6Ds®法则第二项是设计完整的学习体验，重点强调"完整"。许多企业聘请成人教育培训和教学设计方面的专业教学设计师，帮助制订员工学习体验计划。这种做法的问题在于，绝大多数教学设计师只关注学习"项目本身"，并不理会培训前后的必要环节，而是任其自由发展或者任由学员自行安排。

这样做必然达不到最优。员工无时无刻不在学习，会接收到管理者有意和无意释放的各种信息。例如，上级领导在培训后未进行及时跟进，员工就会解读为管理层和领导本人对学习内容的实际应用并不关心。最终，这将导致培训所蕴含的潜在价值被白白浪费。

若要达到最优效果，学习计划的设计必须完整，也就是应包括将学习转化为业务结果所经历的四个阶段：准备、学习、转化和达成目标（见图D-3）。学习计划必须实施端到端的流程管理。

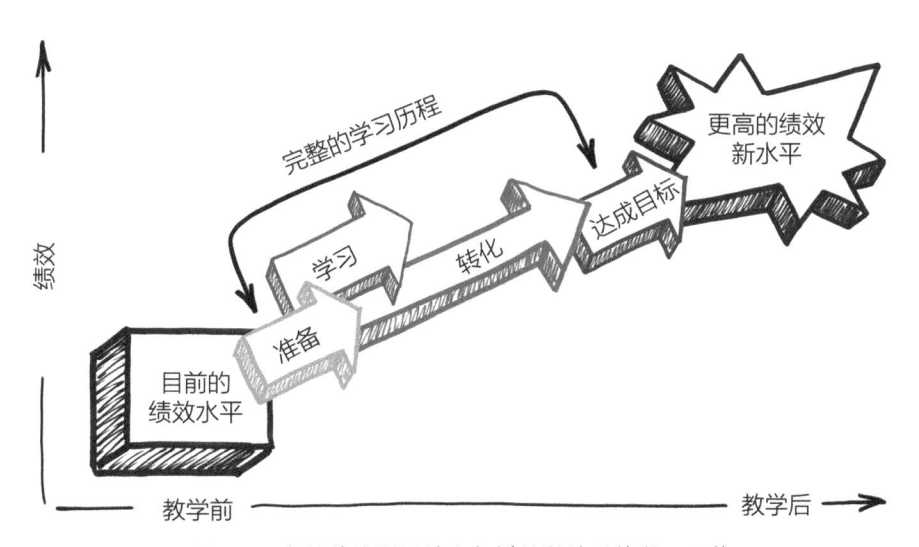

图D-3 完整的培训设计应包括教学前后的学习环节

学习计划的设计应包含培训后的学习活动，以确保学习可以转化和应用到工作中，这一点尤为重要。若学习转化得不到积极支持，那么即使培训计划可以实现所有的学习目标，也无法创造商业价值。

D3：引导学以致用

第三项法则"引导学以致用"，是指通过提供有助于学员学以致用的方法建立学习体验。学习环境绝不可能与工作环境完全相同，学习与实际工作之间也总会存在差距。第三项法则的目的就是搭建桥梁、越过差距，帮助员工有效地应用所学技能和知识（见图D-4）。

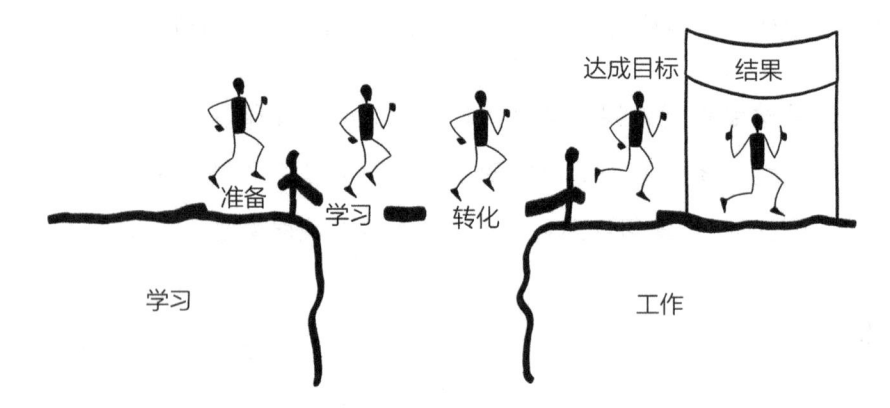

图D-4　精心设计的培训教学能够成为连接学习与实际工作之间差距的桥梁，使员工能够通过应用新知识和技能收获学习成效

消除学习与实际工作之间的差距需要运用符合成人教育准则的教学方法，并允许学员尽可能在现实环境或情景中进行工作练习。

若要有效实践第三项法则，应努力做到以下几点：

- 主动学习应多于被动学习。

- 限定单次教学量，以避免认知负荷。

- 多给员工练习机会，让其带着有意义的反馈练习。

- 坚持成人教育准则，使员工理解学习可为其带来的好处。

- 为学员提供思维框架并鼓励其建立自己的关联与思考。

- 善用间隔学习法。

- 若有培训考试，应确保考题符合学习目标并可准确衡量员工工作能力，不能只考查知识记忆。

D4：推动学习转化

第四项法则是要求建立体系与流程，确保学员将培训所学转化到实际工作中并通过长时间练习形成新的工作规范。管理学大师肯·布兰佳曾说："若要改变员工行为并得到你所期望的结果，就应建立体系与流程，提供必要的支持并界定明确的责任归属。"提供大量学习项目并不够，只有将学习应用到实际工作中并通过提升员工行为的效果和效率实现业务目标才能创造商业价值（见图D-5）。

图D-5　培训只有转化为工作行为才能创造价值

高效的学习型组织都清楚地知道，管理学习应被视为一个涵盖学习本身和学习转化两大环节的流程来管理。它们设计必要的"体系、流程、支持措施和责任归属"，用以确保实现学习转化和学习投资正收益。既然基层管理者能直接影响培训项目的成败，高效的学习型组织就应让他们全程加入到学习流程中，并为他们提供履责所需的建议、工具和支持。低效的学习型组织将时间、创造力和精力都用在了组织大量学习项目上，却对学习转化置之不理。将时间和精力投入培训后的学习转化可以提高培训的投资回报率。

D5：实施绩效支持

第五项法则是要求在培训后实施绩效支持，这在高效的学习型组织中已经在实践了。当员工培训结束后，首次尝试应用新技能和新技术时，即刻予以绩效支持会尤其有价值。

若能获得绩效支持，学员将信心倍增，尝试新技能的意愿也会增加。而且，这还有助于他们正确完成尚不熟悉的工作任务。当学员体会到应用新技能的成就感后，他们会很乐意继续学以致用。如果他们首次尝试就遭遇失败，或者遇到问题却得不到帮助，就很可能走回老路，之前的学习也就白费了（见图D-6）。

绩效支持包括工作辅助、岗位训练、手机App、数据库、检查清单、专业帮助以及其他有助于员工适时、正确完成每项工作任务的工具和指南。实践第五项法则，要求上级领导思考自己在员工返回工作岗位时应提供的绩效改进支持，然后将支持方案放入整体教学设计中。最好的做法是在员工培训期间就提供工作辅助，以突显培训的重要性并增加员工返岗后学以致用的可能性。最高效的学习型组织不但为学员提供绩效支持，还会向他们的直接上级提供绩效支持。

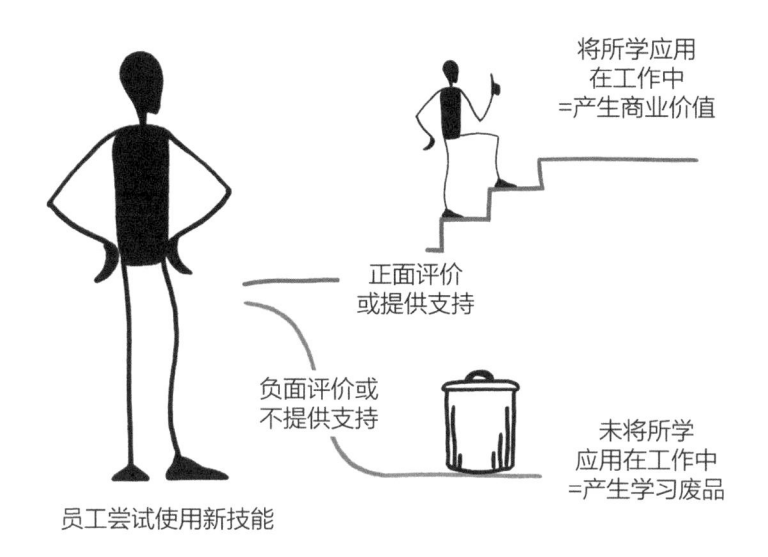

图D-6　当员工尝试在工作中应用新技能时，绩效支持有助于他们获得成功并持续努力

D6：总结培训效果

最后，高影响力的学习型组织会从证实学习价值和改进未来学习项目两方面将培训效果形成书面（评估和报告）材料。它们关注的是与业务最相关的结果（员工行为和经营成果），而不仅仅是一些极易获得的统计数据，如参训人数、课时数、学员满意度或者学习量等（见图D-7）。

换言之，总结培训效果（D6）中要求的评估对象应直接与界定业务结果（D1）相关。高效的学习型组织也会对结果导向型学习流程各环节的执行情况进行评估和监控，确保各项工作按计划实施并为持续改进提供支持。

以结果为导向的学习

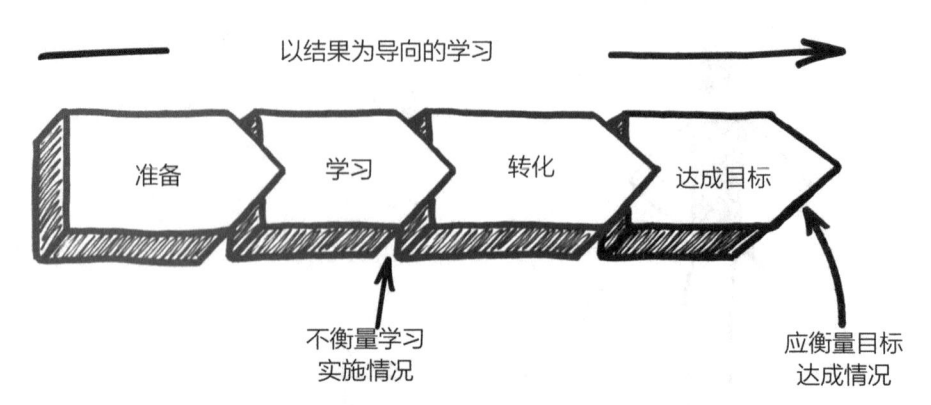

准备 → 学习 → 转化 → 达成目标

不衡量学习实施情况

应衡量目标达成情况

图D-7 培训成功与否的真正评估标准应是工作成果，而不仅仅是参训人数或者学员满意度

适用于各类学习项目的全能评估方法是不存在的，但开展评估时必须遵循以下四点原则：

- 评估必须与项目拟实现的业务需求直接相关。

- 评估结果及其数据汇总方法必须可靠，也就是必须得到主要参与人的认可和信任。

- 评估结果报告必须令人信服，或者说必须能为后续行动（扩大、保持、缩减或淘汰）提供有说服力的数据和理由。

- 评估机制必须有效率，我们应将更多的时间和金钱花在决策而非评估上。

高效的学习型组织会按照以上原则设计评估机制，并将评估结果用于指导学习投资决策和支持持续改进的过程。

总结

6Ds®法则是那些从学习与发展中追求最大投资价值的企业所践行的六项标杆行为。无论企业所属国别与行业，都应将这些法则应用于自身的各项计划内学习中。实施6Ds®法则要求业务领导和HR或学习部门管理者通力合作。企业若能始终如一严格按照这些法则要求开展学习，必将获得持续的竞争优势。

反侵权盗版声明

电子工业出版社依法对本作品享有专有出版权。任何未经权利人书面许可，复制、销售或通过信息网络传播本作品的行为；歪曲、篡改、剽窃本作品的行为，均违反《中华人民共和国著作权法》，其行为人应承担相应的民事责任和行政责任，构成犯罪的，将被依法追究刑事责任。

为了维护市场秩序，保护权利人的合法权益，我社将依法查处和打击侵权盗版的单位和个人。欢迎社会各界人士积极举报侵权盗版行为，本社将奖励举报有功人员，并保证举报人的信息不被泄露。

举报电话：（010）88254396；（010）88258888
传　　真：（010）88254397
E-mail：　dbqq@phei.com.cn
通信地址：北京市万寿路173信箱
　　　　　电子工业出版社总编办公室
邮　　编：100036